T0278064

Vendrán a detenerme a media noche

Tahir Hamut Izgil

Vendrán a detenerme a media noche

Memorias de un poeta uigur sobre el genocidio en China

Introducción de Joshua L. Freeman

Traducción de Catalina Martínez Muñoz

Libros del Asteroide

Primera edición, 2024
Título original: *Waiting to Be Arrested at Night*

Imagen de cubierta: xijian / iStockphoto
Fotografía del autor: © Mattéo Deneux

Publicado por Libros del Asteroide S.L.U.
Santaló, 11-13, 3.º 1.ª
08021 Barcelona
España
www.librosdelasteroide.com

ISBN: 978-84-19089-87-8
Depósito legal: B. 8756-2024
Impreso por Kadmos
Impreso en España - Printed in Spain
Diseño de colección: Enric Jardí
Diseño de cubierta: Duró

Este libro ha sido impreso con un papel ahuesado,
neutro y satinado de ochenta gramos, procedente de bosques
correctamente gestionados y con celulosa 100 % libre de cloro,
y ha sido compaginado con la tipografía Sabon en cuerpo 11.

Cuando busquen en las calles y no encuentren mi figura perdida, recuerda que estoy contigo

PERHAT TURSUN, «Elegía», 2006

Índice

Introducción

Si habéis pedido un Uber en Washington D.C. en los
últimos años, es posible que el conductor fuera uno de
los más grandes poetas uigures vivos. Tahir Hamut Izgil
llegó con su familia a Estados Unidos en 2017, huyendo
de la implacable persecución del Gobierno chino sobre
el pueblo uigur. Tahir no solo escapó así de una reclusión
casi segura en los campos de internamiento que han
devorado las vidas de más de un millón de uigures, sino
que también pudo compartir con el mundo sus experiencias de la tragedia que está arrasando su país. Estas
memorias son el relato en primera persona de una de las
crisis humanitarias más urgentes del planeta y de la
supervivencia de una familia.

Antes de conocer a Tahir yo conocía sus poemas. Los
descubrí poco después de empezar a trabajar como traductor en Xinjiang, en la Región Autónoma Uigur, al
oeste de China. Un buen amigo de allí no paraba de
decirme que para conocer de verdad la cultura uigur
había que leer su poesía. Como a tantos de mis compatriotas, la poesía me interesaba más bien poco, y no hice
caso de su consejo. Pero un día, otro amigo me puso en

la mano unos folios con los versos de Tahir. La poesía nunca me había emocionado tanto.

Para los uigures, la poesía no es solo un territorio de escritores e intelectuales. Está tejida en la vida cotidiana y presente en la conversación, se comparte en las redes sociales y los enamorados se escriben versos. Los uigures se sirven de ella para debatir asuntos que afectan a la comunidad, ya sean los roles de género o la manera de enfrentarse a la represión del Estado. Todavía hoy, muchas mañanas, mi buzón de correo electrónico está lleno de versos que me envían los poetas uigures de la diáspora desde rincones remotos para que los traduzca.

La influencia y el prestigio en la sociedad uigur también están ligados a la poesía. Si pedimos a un uigur que nombre a diez uigures importantes, varios de ellos serán poetas. Si pedimos a los intelectuales uigures que nombren a los pensadores y escritores uigures más sobresalientes es posible que aparezca el nombre de Tahir Hamut Izgil.

Conocí a Tahir en 2008, cuando empezaba a traducir poesía uigur. Su presencia me pareció tan memorable como sus versos. Era compacto, enérgico, moreno, guapo, con una mirada profunda y una forma de expresarse rotunda y precisa. Como nuestras conversaciones abarcaban tanto la poesía como la política, la historia o la religión, la amplitud de sus intereses y experiencias no tardó en hacerse patente.

Hijo de lecheros, Tahir creció en un pueblecito de las afueras de Kashgar, una antigua ciudad del suroeste de la región uigur. Los ritmos y las tradiciones populares de la comunidad uigur siguen siendo el manantial de su poesía. Nació en los años de la Revolución Cultural china, cuando el radicalismo maoísta se encontraba en su momento álgido, y alcanzó la mayoría de edad en la década de 1980, con el amanecer de una época de liberalización económica y cultural. La deprimente poesía política de los años de Mao perdía terreno progresivamente con el florecimiento de nuevos géneros, estilos y temas. Cuando Tahir publicó su primer poema, siendo todavía un estudiante de instituto, se sumó a un mundo literario en plena ebullición.

Era un alumno destacado y poco después de esto se trasladó a Pekín para estudiar en la universidad. Recién llegado de Kashgar, de un mundo donde se hablaba uigur, tuvo que esforzarse para dominar el mandarín y se sumergió en la lectura de la poesía china de vanguardia, además de las traducciones de Freud al chino. Pronto empezó a leer literatura occidental; hubo una época en la que rara vez se separaba de la edición china de los poemas de una antología poética de Wallace Stevens. Fueron tiempos emocionantes los que compartió con otros estudiantes uigures en Pekín, donde formaron grupos de debate sobre sus lecturas de poesía a la vez que avanzaban en sus proyectos literarios personales.

También en la capital de China se vivía entonces una etapa tumultuosa. Una nueva generación, que se negaba a aceptar el tibio avance de las reformas, exigía cada vez con mayor contundencia derechos democráticos y el fin de la corrupción. En su segundo año de universidad, Tahir participó en la organización de las huelgas de hambre y las marchas de los estudiantes uigures en las semanas previas a las protestas de Tiananmén, en 1989. Si bien el movimiento estudiantil acabó finalmente aplastado por los tanques, Tahir no perdió su interés por la política.

Terminados sus estudios, trabajó una temporada en Pekín antes de ocupar un puesto de profesor de mandarín en Urumqi, la capital de la Región Autónoma Uigur. Entretanto siguió escribiendo poesía, en su mayor parte de estilo modernista, y abordando asimismo cuestiones que habían sido hasta entonces tabúes en la literatura uigur. (En un polémico poema de 1994 hablaba de la marihuana, la masturbación y de «un país inducido a la ebriedad».) Poco a poco, Tahir fue ganando un creciente prestigio como joven poeta en los círculos literarios de vanguardia.

En 1996, la realidad política de la vida uigur en China se cruzó en su camino. Decidió irse de Urumqi, con la esperanza de estudiar en el extranjero, pero lo detuvieron en la frontera cuando intentaba salir del país. Tras declararse, bajo tortura, culpable del falso delito de intento de revelación de secretos de Estado, pasó casi tres años en prisión. Las condiciones eran durísimas y llegó a pesar menos de cincuenta kilos.

Liberado en 1998, afrontó el desafío de empezar de cero, con su nombre ahora escrito en la lista negra del Partido. Un año más tarde se aventuró en la producción cinematográfica y muy poco después pasó a dirigir películas independientes. A comienzos de la década de 2000 se había convertido en un director destacado y sumamente original, conocido sobre todo por su revolucionario drama *La luna es testigo*. En paralelo siguió dedicándose a su obra poética y a sus amplias y variadas lecturas.

Este segundo acto, tan notable para un hombre liberado de un campo de trabajos forzados apenas unos años antes, se desarrolló en un escenario de profundo deterioro de la situación política y la convivencia étnica en la región uigur. A lo largo de la década de los dos mil, el Gobierno chino desmanteló casi por completo la enseñanza en uigur y empezó a internar a los niños uigures en colegios de lengua china. Se generalizó entonces la discriminación de los uigures por parte de la mayoría han dominante; cuando los uigures buscaban trabajo, sus posibles empleadores les decían sin rodeos: «No necesitamos a las minorías». Amparándose en el problema del desempleo creado en parte por sus propias políticas, el Gobierno presionó a los uigures para aceptar trabajos mal pagados en otras zonas del país, donde vivían hacinados en barracones, sometidos a una estricta vigilancia y en un entorno desconocido en el que muchas veces no eran bien recibidos.

El resentimiento uigur se iba enconando año tras año sin posibilidad de expresarlo en los medios de comunicación, sobre los que se ejercía un control implacable. Finalmente, a mediados de 2009, cuando los trabajadores de la mayoría han de una fábrica de juguetes del este de China lincharon a sus compañeros uigures a raíz de unos falsos rumores de violación, una oleada de violentos disturbios entre los uigures y la población han arrasó las calles de Urumqi. Los muertos se contaban por centenares, ardían autobuses, se destrozaban escaparates y se apaleaba a los transeúntes hasta la muerte.

En el mes de septiembre, en mitad de las protestas multitudinarias contra el secretario regional del Partido, Tahir iba por una calle abarrotada cuando varios manifestantes han le gritaron: «¿Eres uigur?». Tahir me contaría más tarde que, estando en su propia patria, no se le ocurrió negarlo. «Sí, soy uigur —contestó—. ¿Por

qué?». Lo molieron a golpes hasta que consiguió ponerse a salvo saltando una valla. Todavía tiene un tic en el
ojo, secuela de la paliza, pero el incidente no le hizo
rendirse.

Una vez le pregunté si había desarrollado esa resistencia en sus años de prisión y trabajos forzados. Dijo que
no lo creía. Ya antes de entrar en prisión sabía que ser
un intelectual uigur en China exigía aceptar ciertos riesgos.

Creo que estas experiencias ayudaron a Tahir a intuir
lo que se avecinaba antes que la mayoría. Una noche, en
otoño de 2016, cené con él y otros amigos. Llevábamos
alrededor de una década celebrando estas cenas y, como
siempre, los brindis, las bromas y los debates se prolon-
garon hasta bien entrada la noche. Íbamos poniendo en
fila las botellas de vino vacías mientras saboreábamos
los fideos y la carne de caballo humeante. El ambiente
se cargaba de humo con las largas caladas del cigarrillo
con las que el novelista Perhat Tursun enfatizaba sus
famosas anécdotas.

Después de la cena, Tahir se ofreció a llevarme a casa,
y echamos a andar hacia su coche en la oscuridad. En
vez de arrancar, nos quedamos charlando en el Buick,
en el aparcamiento vacío. En una ciudad donde las paredes oyen, el coche era un buen sitio para hablar en privado.

Comentamos la situación política en la región uigur,
que iba de mal en peor. Señalando hacia una nueva
comisaría, a un lado del aparcamiento, Tahir me contó
que, a lo largo de los últimos meses, la policía había
interrogado a la mayoría de sus compañeros del campo
de trabajo. Hablamos de sus recientes viajes al extran-

jero y me preguntó con bastante detalle cómo era la vida en Estados Unidos. Sentí que había llegado el momento de interesarme por algo de lo que nunca habíamos hablado. «¿Estás pensando en instalarte en Estados Unidos?»

Me miró a los ojos y dijo que sí.

Tahir y su mujer, Marhaba, seguían dando vueltas a esta idea. Empezar una vida desde cero, en un país nuevo y con un idioma nuevo, no era fácil para una pareja de más de cuarenta años con dos hijas, me dijo. Tendrían que dejar su carrera y a sus amigos. Y en un futuro previsible no habría marcha atrás: una vez solicitaran asilo, volver a China entrañaba un alto riesgo de detención. Sin embargo, dadas las sombrías perspectivas políticas en Xinjiang, Tahir y su familia creían que debían prepararse para salir del país si la situación empeoraba.

Y empeoró. Medio año más tarde, a principios del verano, empezó el goteo de noticias de detenciones en masa y traslados a los campos de internamiento en la región uigur. Aunque yo me había ido de Xinjiang a finales de 2016, comprendí que la situación era grave. Uno a uno, todos mis amigos más cercanos de la región me iban borrando de sus contactos en WeChat, cuando la comunicación con el extranjero se convirtió en pretexto para la detención.

Tahir siguió en contacto conmigo más tiempo que la mayoría; me escribía de vez en cuando para discutir detalles de mis traducciones de su poesía, hasta que sus mensajes también se interrumpieron. A finales de junio de 2017 me envió una nota de voz. «En mayo ha hecho muy mal tiempo aquí —me decía, empleando el circunloquio uigur habitual para referirse a la represión política—. No he tenido oportunidad de ponerme en contacto contigo. Lo hemos pasado muy mal, porque el tiempo cambiaba continuamente.» Cruzamos un par de mensajes sobre uno de sus poemas.

Y después, silencio. Estos fueron los últimos mensajes que recibí de todos mis amigos uigures.

En los meses siguientes, las noticias de Xinjiang se volvieron cada vez más preocupantes. Era evidente que esta vez no se trataba de una campaña pasajera, tal como muchos esperábamos. La magnitud de la crisis me hacía pensar a todas horas en mis amigos uigures. Me preocupaba sobre todo Tahir, por su pasado como preso político. Pero no tenía forma de saber si estaba bien; no tenía forma de saber si los demás estaban bien.

La región uigur se había convertido en una gigantesca prisión blindada por las fuerzas de seguridad y dotada de un sistema de vigilancia biométrico único en la historia de la humanidad. Los pueblos y los barrios se iban quedando desiertos con los traslados de miles de personas a los campos de internamiento. Se confiscaron los pasaportes de los uigures y se cortaron las comunicaciones con el exterior. Salir de allí era casi imposible.

Pero al menos en un caso, lo imposible se hizo posible. A finales de agosto, supe a través de un conocido común de Shanghái que Tahir se estaba preparando para venir a Estados Unidos. Pasé una temporada en vilo, sin atreverme a ponerme en contacto con él hasta que estuviera a salvo, fuera de China. Luego, otro amigo común me dio un número de teléfono y me dijo que era de Tahir. Llamé.

Contestó Tahir. *Tinchliqmu?* «¿Cómo estás?» Nos saludamos como de costumbre. Luego le pregunté dónde estaba. Cuando me dijo que estaba en Washington, con su familia, sentí un alivio inmenso. Tras meses de siniestras noticias de la región uigur, esto parecía un milagro.

Poco después de su llegada, Tahir empezó a pensar en escribir una crónica personal de la crisis en Xinjiang. Pero el reto de echar raíces en un país nuevo acaparó toda su atención a lo largo de esos primeros años. Fue conductor de Uber, estudió inglés y solicitó asilo político. A finales de 2020 las circunstancias por fin le permitieron plasmar los recuerdos que llevaba dentro desde que salió de China.

En cuanto pudo ponerse manos a la obra, el relato brotó como una cascada. Escribía a la misma velocidad que yo traducía; en cada revisión de los borradores surgían nuevos detalles y asuntos que debatir. En el verano de 2021, la revista *The Atlantic* publicó un extracto resumido de las memorias de Tahir. Entretanto, la crisis en Xinjiang continuaba. Tahir seguía escribiendo.

Estas memorias son el relato de un hombre y de la destrucción de su país. Mientras las redactaba, Tahir tuvo muchas conversaciones con otros refugiados de la comunidad uigur para contrastar sus propios recuerdos con otras experiencias personales, además de las fuentes públicas. Más allá de su familia inmediata y unos pocos individuos concretos, Tahir decidió alterar los nombres y los detalles más característicos de las personas mencionadas en este libro, con el fin de protegerlas de las represalias del Estado.

De la constelación de notables escritores uigures de Xinjiang, Tahir es, que yo sepa, el único que ha logrado salir de China desde que empezaron las detenciones en masa. Su relato aúna la fuerza expresiva del poeta con la lucidez que permite desvelar la ambigüedad moral presente incluso en las circunstancias más extremas. Si bien el terror de Estado en Xinjiang está orquestado por una burocracia inhumana, los individuos que dirigen el sistema —y también los aplastados por este— son plenamente humanos, y su complejidad se manifiesta de principio a fin en las memorias de Tahir.

El mundo que se describe en este relato es un mundo contra el que todos estamos obligados a luchar. La batalla del Gobierno chino contra la minoría uigur no tiene precedentes, pero las herramientas que utiliza sí nos son familiares. La represión estatal en Xinjiang se sirve de las redes sociales, convertidas en arma de guerra, de algoritmos informáticos que analizan y predicen comportamientos, y de un puñado de sistemas de vigilancia de alta tecnología, muchos de ellos diseñados en Occidente. El discurso islamófobo que ha ido cobrando fuerza en Estados Unidos ha sido clave para que China pueda justificar sus políticas en Xinjiang a la vez que las empresas multinacionales construyen sus cadenas de suministros desde los campos de trabajos forzados en la región uigur.

Además de Tahir, mi círculo de amigos en Urumqi abarcaba desde hacía mucho tiempo a otras personas presentes en estas memorias, un notable grupo de intelectuales y escritores cuyas voces todavía resuenan dentro de mí. La riqueza y la energía del ambiente se percibe incluso en la tragedia que atraviesa estas páginas: el tendero que traduce con cariño a Bertrand Russell, pese a la inminencia de su detención; el novelista que con su irreprimible sentido del humor quita hierro a la magnitud de las atrocidades.

Todas estas personas ofrecerían un elocuente testimonio de la crisis en curso si pudieran hablarnos. Pero no pueden: la persecución de los últimos años ha silenciado su voz, al menos por ahora. Es por ellos, y por tantos otros, por quienes Tahir comparte esta historia con el mundo.

JOSHUA L. FREEMAN

Vendrán a detenerme a media noche

Prólogo: El interrogatorio

Un día de marzo de 2009, después de comer, estaba leyendo en mi biblioteca. Marhaba, mi mujer, se había quedado en la cocina recogiendo los platos.

Llamaron a la puerta. Eran dos jóvenes uigures y una joven uigur. Marhaba salió de la cocina, detrás de mí.

—¿Es usted Tahir Hamut? —preguntó el joven que estaba delante.

—Sí.

—Queremos hablar con usted por su certificado de empadronamiento. ¿Le importaría acompañarnos a la comisaría?

Se expresaba con calma. Los otros dos parecían sus subalternos. Saltaba a la vista que eran policías de paisano.

En China, el certificado de empadronamiento contiene la información básica de todos los miembros de una familia, y se considera el documento de identidad más importante. Revisar el padrón es una excusa frecuente para que la policía registre un domicilio o detenga a una persona.

—Claro —contesté, con la misma calma.

—Traiga su carnet de identidad —añadió el agente.

—Ya lo tengo —asentí, palpando la cartera en el bolsillo.

Marhaba nos observaba, nerviosa.

—No te preocupes, no pasa nada —le dije mientras me ponía la chaqueta y los zapatos—. Es solo por el padrón.

Cuando bajábamos las escaleras, me fijé en que los policías iban por delante y por detrás de mí, encerrándome. Hacía un día despejado aunque frío.

Venían en un coche civil, lo que significaba que el procedimiento era extraoficial. Me senté detrás, con el joven que había hablado conmigo. El otro iba al volante y la mujer a su lado.

Naturalmente, me pregunté por qué me llevaban a la comisaría. No recordaba haber hecho nada que pudiera justificarlo.

Salimos del bloque de apartamentos y no tardamos en llegar a la avenida principal. Para ir a la comisaría teníamos que girar a la izquierda en el cruce. Giramos a la derecha. Justo en ese momento, el policía que había hablado conmigo se sacó del bolsillo la placa y me la enseñó con aire despreocupado.

—Me llamo Ekber. Este es Mijit. Somos de la Agencia de Seguridad Pública de Urumqi. Queremos charlar con usted. —No me presentó a la mujer.

Me pareció una buena señal que Ekber empleara el tratamiento de respeto, *siz,* para dirigirse a mí. Si me consideraran un delincuente me habrían tratado desde el principio sin ninguna deferencia, con el *sen* informal.

Guardé silencio y traté de no perder la compostura. Según mi experiencia, reaccionar en exceso resultaba contraproducente en estos casos. Era importante dar la impresión de que no tenía la menor idea de por qué me llevaban a la comisaría. Disfrutaban viendo el miedo, la angustia y la confusión en las caras de la gente.

—¿En qué trabaja? —me preguntó Ekber. No era un interrogatorio; me estaba poniendo a prueba.

—Soy director de cine —fue mi escueta respuesta.

Asintió y siguió haciendo preguntas.

—¿Escribe también guiones?

Esto me hizo pensar si me habrían detenido por lo que escribía.

—No, dirijo los guiones que otros escriben.

Cité los nombres de tres guionistas. Uno de ellos era mi amigo Perhat Tursun.

—Perhat Tursun... ¿No es el que insultó a nuestro profeta Mahoma?

Me sorprendió este comentario en boca de un policía, pero enseguida me sobrepuse. Seguramente quería hacerse una idea de cuáles eran mis creencias religiosas. Aun así, sus palabras me molestaron.

—¿Ha leído usted la novela en la que Perhat Tursun supuestamente insulta al profeta? —Mi voz delataba mi irritación.

Ekber no parecía dispuesto a dar su brazo a torcer.

—No, he leído el ensayo sobre la novela.

—Le sugiero que lea la novela —insistí—. Los funcionarios del Gobierno tienen que ser rigurosos.

La novela de Perhat Tursun, *El arte del suicidio*, publicada diez años antes, trataba cuestiones normalmente esquivadas por la literatura uigur: la alienación, la sexualidad y el suicidio. Por su desafío a las costumbres sociales y las convenciones estéticas, el libro había causado un revuelo importante en los círculos literarios. La falsa acusación de un crítico conservador, que señaló que la novela insultaba al profeta, desató un enconado debate público y suscitó un ataque generalizado contra Perhat Tursun, que incluso llegó a recibir amenazas de muerte.

—¿Usted también es escritor? —preguntó Ekber.

—Escribo poemas.

—¿Qué tipo de poemas?

—Usted no entendería los poemas que escribo.

—Ah, escribe cosas rebuscadas y abstractas... —señaló con una mueca burlona.

No dije nada. Se hizo el silencio en el coche. Circulábamos por calles familiares.

Seguía sin saber por qué habían ido a buscarme, y pensé si sería por algo relacionado con el tiempo que estuve en prisión, doce años antes. En ese caso, tenía un problema grave.

En 1996, cuando planeaba irme a estudiar a Turquía, me detuvieron en la frontera china con Kirguizistán por «intento de sacar del país ilegalmente documentos confidenciales». En una época en la que podían detener a cualquier uigur bajo cualquier pretexto, me había llegado el turno. Después de un año y medio recluido en una cárcel de Urumqi me condenaron a tres años de trabajos forzados. Como ya había cumplido la mitad de la condena, me enviaron el año y medio restante al Campo de Reeducación por el Trabajo de Kashgar.

Cuando me dejaron en libertad había perdido mi puesto de profesor. Volví a Urumqi sin trabajo, sin dinero y sin casa. Solo tenía mi certificado de empadronamiento.

Trabajando día y noche conseguí establecerme como

director de cine, aunque como un director de cine marginal, al margen del sistema del Estado, al que contrataban principalmente para series de televisión de bajo presupuesto, publicidad y vídeos musicales. Ganaba lo justo para ir tirando. A veces no tenía trabajo.

Por aquel entonces, la cadena de televisión de Xinjiang buscaba traductores de chino para emitir los informativos en uigur. Aunque quedé el primero en las pruebas de selección, entre unos trescientos candidatos, el inevitable control de antecedentes políticos reveló que me habían despedido de mi trabajo docente. La cadena rechazó mi candidatura.

Luego trabajé un tiempo como guionista, pero vi que era imposible ganarme la vida escribiendo. Así estaban las cosas cuando Marhaba y yo nos casamos en 2001.

Nos habíamos conocido unos años antes, cuando volví de Pekín para trabajar en Urumqi. En esa época, Perhat Tursun completaba sus ingresos haciendo horas extra en una pequeña empresa que facilitaba información agrícola a los agricultores y ganaderos uigures, y me invitó a incorporarme. Como yo no tenía demasiadas clases en el colegio donde trabajaba, acepté su propuesta. Fue en esta empresa donde conocí a Marhaba, que acababa de entrar. Sorprendía a menudo a esta chica de aire inteligente observándome, tomándome la medida.

Era cinco años menor que yo, y según la costumbre tenía que llamarme Tahir *aka*. *Aka* significa hermano mayor, y es la palabra que emplean los uigures para dirigirse con respeto a cualquier hombre de mayor edad. A las mujeres mayores se las llama *hede*, hermana mayor. Pero Marhaba me llamaba Tahir a secas. Vi que había en ella algo especial.

Mientras trabajábamos en la empresa agrícola, Marhaba y yo a veces comíamos juntos y charlábamos a menudo. Fuimos intimando poco a poco.

Perdí el contacto con ella los tres años que estuve en prisión. Cuando me soltaron y volví a Urumqi, una de las primeras cosas que hice fue confirmar con la mujer de Perhat que Marhaba seguía soltera. Unos días más tarde quedamos en la puerta del Teatro del Pueblo.

Marhaba ya estaba esperando cuando llegué. Me miró con la más dulce de las sonrisas. Pero después de saludarnos se puso nerviosa. Le había dolido mucho que me fuera sin despedirme tres años antes. Cuando supo que me habían detenido, se pasó tres días llorando, sin salir de casa. No podía comer.

Ese gélido día de invierno, poco antes de que oscureciera, nos quedamos hablando en la acera, rodeados por el ruido del tráfico. Los tres años en prisión me habían vuelto muy sensible a todo, pero en cuanto Marhaba dijo estas palabras dejé de notar el frío.

Empezamos a vernos con regularidad. Ahora que mis años de sufrimiento habían terminado, tenía una necesidad urgente de calidez familiar y mi relación con Marhaba se iba haciendo cada vez más profunda. Era una mujer amable y buena. Venía a verme a menudo, me cuidaba, hacía suyas mis penas.

Por fin decidimos casarnos. Mis padres vivían en Kashgar y no tenían mucho, pero nos dieron dinero para alquilar un apartamento. Pedí prestados cinco mil yuanes a un amigo para la dote: una dote muy modesta. «No te preocupes —me dijo Marhaba—. Si trabajamos los dos podemos ganar dinero, podemos vivir bien.» Y entre los dos devolvimos los cinco mil yuanes.

Poco después de casarnos tuvimos que darnos de alta en el padrón en nuestro nuevo domicilio. Fui a la comisaría donde estaba empadronado, recogí la documentación y la presenté en la nueva comisaría. La policía que me atendió, una mujer han, examinó mis documentos. La brusquedad de su reacción me pilló desprevenido.

—El número de su documento de identidad actual no coincide con el que figura en el registro.

—¿Cómo es posible?

—El número de su documento de identidad original corresponde a Pekín, empieza por once —respondió secamente—. Pero el número del documento de identidad actual es de Urumqi, empieza por sesenta y cinco. Eso está mal. Nadie tiene más de un número de documento de identidad. El número de Pekín es el que vale.

Me quedé sin palabras unos momentos.

—¿Qué tengo que hacer? —pregunté al fin.

—Ir a la comisaría donde se registró. Rectificar el número de documento de identidad y volver. De lo contrario no podemos darle de alta aquí.

En el momento de llegar a Pekín, para estudiar en la universidad, tuve que presentar el certificado de empadronamiento, tal como exigía el Gobierno. Poco después, cuando se introdujeron en China los carnets de identidad, me dieron el mío. Como estaba empadronado en Pekín, en mi carnet de identidad figuraba un número de Pekín. Luego volví a Urumqi, trasladé el empadronamiento a la comisaría correspondiente y me dieron un carnet de identidad con número de Urumqi. No presté atención al cambio: di por hecho que al solicitar un nuevo certificado de empadronamiento se cambiaba automáticamente el número de carnet de identidad. Llevaba seis años utilizando este carnet sin problemas. Ahora resultaba que el número no valía.

Al día siguiente volví a la antigua comisaría y expliqué la situación. La policía han encargada del registro examinó los documentos que me había dado el día anterior y vio el problema inmediatamente. Pero se quedó sentada, sin decir nada. «¿De verdad no vale?», pregunté, con intención de asegurarme. Era evidente que no estaba dispuesta a reconocer el error. Los funcionarios públicos, en especial los policías, son reacios a reconocer sus errores. Pensé que otro policía habría cambiado mi número de carnet de identidad seis años antes, en cuyo caso esta mujer lo estaba encubriendo, defendiendo el honor del sistema.

De repente levantó la cabeza.

—¿Cómo es que no se dio cuenta del error entonces?

—Di por hecho que al trasladar el empadronamiento a Urumqi se cambiaba automáticamente el número del carnet de identidad.

—El error es suyo —fue su tajante respuesta.

Se me agotó la paciencia.

—¿Lo hacen mal ustedes y luego me echan la culpa a mí? Yo no puedo cambiar el número del carnet de identidad. Eso es responsabilidad suya.

—No funciona así —contestó, sin hacer caso de mi protesta—. Preséntenos una carta de disculpas en la que reconoce su error por no haber detectado el problema en su día. Entonces tramitaré la solicitud.

No había más que decir. Tenía que contentarme con que hubiera algún modo de arreglar el asunto, aunque fuera reconociéndome culpable. Escribí la carta de disculpas y la policía rellenó un formulario de Certificado de Cambio de Número de Carnet de Identidad con Residencia en Xinjiang. El documento indicaba que mi número de carnet de identidad actual era incorrecto y había que restablecer el anterior. La funcionaria selló el documento.

Con este cambio, los seis años anteriores de mi vida, incluidos los tres que pasé en prisión, se convirtieron en una vida sin número. En realidad era una suerte para mí. Creía y confiaba en que mis antecedentes penales desaparecerían con esto del sistema. Por aquel entonces aún no se había generalizado el registro informático en red.

Cuando nos casamos, ni Marhaba ni yo teníamos un empleo fijo, y hacíamos un poco de todo para llegar a fin de mes. Trabajamos mucho a la vez que formábamos una familia; nuestras jornadas eran largas pero felices. Más adelante encontré trabajo como director audiovisual en una empresa privada de medios de comunicación. Teníamos dos hijas; vivimos siete años en un apartamento de alquiler. En 2008 finalmente pudimos pedir una hipoteca y comprar una vivienda en propiedad.

Mi trabajo como director era cada vez más conocido. Seguía escribiendo poesía y empezaba a tener cierto prestigio como poeta. Después de mucho esfuerzo y muchos contratiempos, nuestra vida por fin estaba encarrilada y sentíamos cierta estabilidad.

En los diez años transcurridos desde que me dejaron en libertad, la policía me había buscado de vez en cuando con pretextos diversos, como a tantos otros intelectuales uigures. Pero ninguno de estos incidentes guardaba relación con el tiempo que estuve preso. Al margen de que mi número de carnet de identidad hubiera cambiado, lo atribuí a que me detuvieron en la prefectura de Kizilsu, mientras que estaba empadronado en Urumqi. A menos que se tratara de un caso de especial relevancia, la policía solo se ocupaba de los asuntos de su jurisdicción. Era complicado para la policía de Kizilsu hacer regularmente un viaje de mil quinientos kilómetros hasta Urumqi para vigilarme.

Si era mi estancia en prisión lo que ahora llevaba a la policía de Urumqi a incluirme en su lista negra, me pasaría el resto de mi vida vigilado. La estabilidad de mi familia, que tanto nos había costado conseguir, saltaría por los aires.

Entramos en una calle estrecha del centro de la ciudad y paramos delante de la comisaría del distrito de Tengritag. El edificio era antiguo. Los policías de paisano me llevaron a un despacho anodino en la segunda planta. Había tres mesas y tres sillas, con un ordenador en cada mesa. Una leve capa de polvo cubría las mesas y los monitores; calculé que nadie había entrado allí desde hacía un mes como mínimo.

Ekber me indicó que me sentara en la silla más próxima a la puerta. La mujer se había esfumado.

—¿Le apetece beber algo? —me ofreció.

—Tomaría una Coca-Cola, si hay.

Mijit salió del despacho. Ekber encendió el ordenador que estaba al lado de la ventana y me preguntó con cortesía:

—¿Puedo ver su carnet de identidad?

Saqué el carnet de identidad de la cartera y se lo acerqué. Lo dejó encima de la mesa.

Mijit volvió con tres latas de Coca-Cola frías. Le pasó una a Ekber y otra a mí. Ekber salió del despacho. Abrí mi Coca-Cola haciendo lo posible por aparentar tranquilidad. Mijit dejó su bebida en la mesa, echó un vistazo a la pantalla del ordenador y se dirigió a la puerta. Antes de que saliera, le dije que necesitaba ir al lavabo. Quería ver cómo reaccionaba. No había nadie en el pasillo. Me indicó que lo siguiera y me llevó a un cuarto de baño, a dos puertas del despacho. Entré. Mijit entró conmigo, sin perderme de vista. Por lo visto estaban muy interesados en mí.

Volví al despacho con él y me senté donde me habían indicado. Mijit salió del despacho.

Me dejaron solo casi una hora. Esto era una táctica psicológica. Cualquiera en mi situación estaría impaciente por saber por qué me habían llevado allí; cuanto más tiempo pasara solo y sin información, más nervioso, desconcertado y desesperado me pondría. Consciente de esto, conseguí permanecer más o menos en calma.

Por fin volvieron al despacho. Mijit traía un fajo de papel rayado y un bolígrafo. Ekber acercó una silla y se sentó frente a mí. Mijit se instaló delante del ordenador, al lado de la ventana.

Ekber tomó la palabra.

—Puede que nunca haya estado usted en un sitio como este. Supongo que estará nervioso. Solo queremos hacerle unas preguntas. Lo único que tiene que hacer es responder con sinceridad y podrá irse.

En cuanto le oí decir esto, supe que el interrogatorio no tenía nada que ver con el tiempo que había pasado en prisión. Me relajé mucho.

—Claro —asentí con confianza.

Incansable y metódicamente, Ekber estuvo un buen rato haciéndome preguntas sobre mi vida y me pidió mis datos personales: nombre, dirección, lugar de trabajo, miembros de la familia, parientes, breve biografía y otros asuntos. Esto era un formalismo.

Al esbozar mi biografía omití que había estado en prisión. Cuando hablé del trabajo del que me habían despedido dije que «dimití del puesto». A mediados y a finales de la década de 1990 todo el mundo quería «lanzarse a la aventura». Fueron muchos los funcionarios del Gobierno y empleados de empresas estatales que renunciaron a sus puestos fijos para probar fortuna en el sector privado. Decir que había dimitido no llamaría especialmente la atención.

Mijit lo transcribía todo. Mientras le facilitaba mis datos personales vi que miraba varias veces mi carnet de identidad, que seguía encima de la mesa.

El bolígrafo le daba problemas continuamente. Tenía que sacudirlo cada dos por tres para que saliera la tinta. Empezaba a darme lástima Mijit. Qué mala suerte no llevar encima un bolígrafo para prestárselo, pensé. Me sorprendió su paciencia. De haberme visto en su lugar, habría salido a buscar un bolígrafo mejor en otro despacho.

Una vez recabada esta información básica, Ekber me preguntó en qué tipo de empresa trabajaba. Empecé a darle una descripción detallada de nuestras actividades.

—¿Tiene su empresa contactos internacionales? —preguntó en tono informal.

Entonces lo entendí todo. El motivo del interrogatorio por fin salía a la luz: la clave eran los contactos en el extranjero.

—Creo que la hija de uno de nuestros empleados estudia en el extranjero —contesté con sinceridad.

—¿Y usted? ¿Tiene contactos en el extranjero? —preguntó, acercándose por fin al asunto que les interesaba.

—Tengo contacto con dos personas en el extranjero. Mi amigo Jüret está haciendo el doctorado en Japón, y estamos en contacto regularmente. Mi amigo Ablet está haciendo un curso de doctorado en Filosofía en Holanda y también hablamos por teléfono a menudo.

Al decir esto me acordé de que una semana antes, Ablet y yo estuvimos más de una hora hablando por teléfono. El motivo del interrogatorio se aclaraba por momentos.

Ekber preguntó primero por Jüret. Era otra de sus maniobras para acercarse al tema. Decidí ponerlo a prueba, viendo que su objetivo era Ablet, y describí sin prisa, con todo lujo de detalles, mi relación con Jüret. Buen amigo mío desde que íbamos al instituto, Jüret había estudiado Medicina en Chengdú, en la provincia de Sichuan. Después de licenciarse volvió a casa, donde trabajó primero en el Hospital de Medicina Tradicional de la Región Autónoma Uigur y luego en el Hospital de Oncología, los dos en Urumqi. Vi que Ekber empezaba a impacientarse mientras yo me explayaba con un nivel de detalle desquiciante. Cuando llegué al asunto de los preparativos de Jüret para estudiar en Japón, Ekber perdió la paciencia y me interrumpió.

—¿Y Ablet? ¿Qué relación tiene con Ablet en Holanda?

Por fin habíamos llegado al meollo de la cuestión. Le dije que Ablet y yo éramos amigos desde hacía mucho tiempo, le hablé de su trabajo como editor en una editorial de Urumqi y de su posterior traslado para estudiar en Holanda. Ekber me preguntó cuándo y por qué había hablado con él por última vez.

Ablet me había llamado por teléfono a eso del mediodía, el sábado anterior al último. Diez días antes de eso me había llamado para preguntarme si podía mandarle algunos poemas. Su mujer, recién llegada a Holanda desde Urumqi, tenía mucho tiempo libre y quería traducir al inglés algo de poesía uigur. Después de esa conversación, le había enviado por correo electrónico alrededor de doce poemas, pero por alguna razón no los había recibido. Por eso volvió a llamarme ese sábado. Le prometí reenviar los poemas en breve.

Después hablamos de la vida intelectual uigur, y estábamos enfrascados en la conversación cuando Marhaba me indicó por señas que dejara el teléfono para comer. Pero yo no quería interrumpir la conversación con un amigo que estaba en la otra punta del mundo.

Le describí la conversación a Ekber sin escatimar detalles. Huelga decir que no hubo en la llamada nada que pudiese haber llamado la atención de la policía. Los intelectuales uigures escogían sus palabras con sumo cuidado para hablar por teléfono; decíamos muchas veces, en broma, que nos vigilábamos más que la policía. Pensé que debía de ser la duración de la llamada, mucho más larga de lo habitual, lo que llamó la atención de las autoridades. La policía quería saber de qué habían hablado un uigur que vivía en el extranjero y un uigur que vivía en Urumqi en conferencia telefónica durante más de una hora.

Seguro que Ekber estaba satisfecho con mi exhaustivo relato de la conversación. Noté que su expresión se relajaba visiblemente.

—Entiendo. Eso era lo que queríamos saber. —Sonrió—. Usted también estudió en Pekín. Yo me gradué en la Universidad Popular de Seguridad Pública.

—¿Ah, sí?

Le devolví la sonrisa. Pero en ese momento me asaltó una imagen de Marhaba, angustiada, esperándome en casa. De repente me entró la urgencia por salir de allí inmediatamente. Ekber, sin embargo, no daba muestra alguna de tener prisa.

—Bueno. Yo soy mucho más joven —señaló—. Usted es un *aka* para mí. Ahora que hemos tenido ocasión de conocernos, seguiremos en contacto.

Esto era lo último que yo quería oír. De todos modos, no tuve más remedio que asentir.

—Por supuesto —contesté con amabilidad.

—Nos pondremos en contacto con usted cuando tengamos tiempo. Si no puedo llamarlo personalmente, lo llamará Mijit. Quedaremos para comer y charlar.

Era una encerrona.

—Claro —dije con frialdad—. Llámenme cuando les venga bien.

—Ah, otra cosa —añadió Ekber, poniéndose serio de repente—. ¿Qué usa usted para comunicarse online?

—Solo correo electrónico o QQ Messenger.

—Los poemas que le envió a Ablet seguirán todavía en su correo electrónico…

Ekber quería confirmar la veracidad de mi declaración y ver si en esos poemas yo hablaba de asuntos políticos.

—Seguro que están ahí.

—En ese caso, déjenos su dirección de correo electrónico, su número de QQ y sus claves de acceso —me ordenó bruscamente—. Ahora son las seis. No toque ninguna de las dos cuentas en las próximas veinticuatro horas.

Mijit dio la vuelta a la última página de su transcripción. La dejó delante de mí, sobre la mesa, y me ofreció su bolígrafo defectuoso. Cogí el bolígrafo, lo sacudí un par de veces y anoté la información que Ekber me requería. Mijit me devolvió el carnet de identidad.

Cuando salíamos del edificio, Ekber se despidió de mí antes de irse.

—Muy bien, Tahir *aka,* estaremos en contacto. —En ese momento, me sonó totalmente vacío que me llamase *aka.*

—¿Cómo se supone que voy a volver a casa? —pregunté con fastidio—. Ya que me han traído hasta aquí quizá puedan llevarme. —Ya que me habían hecho perder medio día interrogándome sin motivo, tenía derecho a alguna compensación.

Ninguno de los dos esperaba que yo dijera algo así. Ekber se quedó un momento desconcertado. Mijit lo miró.

—Sí, claro, claro. —Ekber reaccionó enseguida—. Mijit lo llevará a casa. Seguro que Marhaba *hede* lo está esperando. ¿Por qué no la llama usted para tranquilizarla? —añadió con aire malicioso.

Mijit me llevó a casa en el mismo coche. Cuando llegamos a nuestro barrio ya era de noche.

En cuanto entré por la puerta, Marhaba se echó en mis brazos y rompió a llorar. Había pasado una angustia atroz. Nuestras hijas, Aséna y Almila, vinieron corriendo a abrazarme.

Cuando los tres agentes me sacaron de casa, Marhaba se puso a llamar a amigos y conocidos para rogarles que me ayudaran si conocían a alguien en la policía. Un par de conocidos nuestros ya estaban indagando sobre mi paradero. Los llamé de inmediato para decirles que no había pasado nada grave, que estaba en casa, sano y salvo. Les di las gracias y colgué el teléfono.

Al día siguiente por la tarde, unas horas después de que venciera el plazo de veinticuatro horas que me impuso Ekber, borré las cuentas de correo electrónico y QQ que le había indicado y abrí otras nuevas. Decidí no ponerme en contacto con nadie en el extranjero, incluidos Ablet y Jüret.

Dos semanas más tarde, cuando estaba trabajando en mi despacho, recibí una llamada de Ekber. Después de intercambiar unos comentarios de cortesía, me dijo que le gustaría verme para charlar, si tenía tiempo. Le contesté que me pillaba liadísimo en ese momento, que estaría más tranquilo en cuestión de unos días y entonces podríamos vernos. Si me era posible evitar a Ekber y Mijit con excusas como esta, a la larga me libraría de ellos. Si me reunía con ellos una sola vez mis problemas no acabarían nunca. Su intención era explotar mi miedo a la policía para ver si conseguían sonsacarme algo. Si las cosas salían tal como ellos esperaban, podrían presionarme para que les facilitara información de personas de mi entorno; y cómo mínimo me harían pagar la cuenta de las comidas.

Pasaron un par de semanas. Mijit me llamó para decirme que Ekber quería hablar conmigo. Volví a darle largas: estaba muy agobiado, terminando un documental, y aún tardaría algún tiempo en quedarme libre, pero yo mismo llamaría a Ekber en cuanto encontrase un hueco. Vi que no iban a dejarme en paz tan fácilmente.

Más o menos por aquel entonces, el Consejo de Cultura de la Región Autónoma decidió organizar un festival para celebrar la singularidad cultural de los dolan, una comunidad uigur afincada mayoritariamente al suroeste de nuestro país. El lugar elegido fue Mekit, un distrito provincial considerado el centro de la cultura dolan, y la inauguración sería un espectáculo artístico por todo lo alto. El Gobierno designó a un director ejecutivo para supervisar el espectáculo. Resultó ser un hombre ocupadísimo, y los organizadores necesitaban a un gestor en Mekit que se ocupara del trabajo del día a día, sobre todo en el largo período de los preparativos del festival. Me ofrecieron el trabajo.

Iba en un taxi hacia el aeropuerto cuando me llamó Mijit, otra vez para que nos viéramos. Viendo la oportunidad de escapar finalmente de la trampa, no medí mis palabras: «Ahora mismo voy camino de Mekit por encargo del Gobierno y estaré un mes allí. No soy un hombre ocioso. No pueden molestarme a todas horas». Y transmití el mensaje en un tono más duro: «Si he cometido algún delito, deténganme. Si no, dejen de fastidiarme con llamadas de teléfono y peticiones absurdas». Hice especial hincapié en que viajaba por encargo de las autoridades. Para asustar a los funcionarios había que invocar a la autoridad. Era a la gente como yo, que trabajaba al margen del sistema, a quien a ellos le gustaba acosar.

Las palabras funcionaron como un conjuro. Dejaron de llamarme.

A primeros de mayo, un amigo mío celebraba su boda en un restaurante de Urumqi conocido como El Viñedo. Asistieron a la celebración prácticamente todos mis amigos y conocidos de la ciudad. Yo era el maestro de ceremonias y estuve todo el tiempo muy ocupado entre unas cosas y otras.

En un momento de la fiesta me escabullí al lavabo. Al salir me di de bruces con Ekber.

—Ah, ¿usted también ha venido a la boda? —le pregunté sin arredrarme.

—Sí, he venido a la boda —asintió, con visible nerviosismo—. Enseguida estoy con usted —añadió mientras entraba en el baño a toda prisa.

Con idea de ver qué hacía Ekber en la boda, me acerqué a la mesa de los novios para preguntarle discretamente a mi amigo si había invitado a un policía que se llamaba Ekber. Me aseguró que no había nadie con ese nombre en la lista de invitados. Mi papel de maestro de ceremonias me proporcionaba una buena excusa para deambular por el salón, atento a Ekber. No lo vi por ninguna parte.

El novio acababa de volver del extranjero, donde había estado estudiando, y entre los invitados había un amigo nuestro de Estados Unidos. Supuse que eso explicaba que Ekber se presentara allí sin invitación. Seguramente era su responsabilidad vigilar a las personas con contactos internacionales. Comprendí entonces que nada escapaba al conocimiento de la policía secreta.

Aunque sabía que no nos libraríamos del acoso policial y veía pocas razones para creer que la situación pudiese mejorar, confié en encontrar el modo de evitar que esto se repitiera. Estaba harto de vivir con miedo.

1. Una llamada de Pekín

Vuelvo al primer día del año 2013.

A última hora de la tarde recibí una llamada imprevista de Ilham Tohti, un profesor de economía de la Universidad Central de las Nacionalidades de Pekín. Hacía años que no hablábamos. Estaba en un restaurante uigur, detrás de la universidad, celebrando el Año Nuevo en compañía de un amigo.

Después de los saludos de cortesía, Ilham dijo: «Xi Jinping ha llegado al poder. Ahora las cosas mejorarán para nosotros. No te desanimes y transmite tu optimismo a nuestros amigos de Urumqi». Estaba de un humor espléndido. Con lo de que las cosas mejorarían se refería al rápido deterioro de la situación política para los uigures.

Si bien hoy ha quedado claro que era absurdo esperar de Xi Jinping nada bueno para los uigures, fueron muchos los intelectuales que entonces abrigaban esperanzas. También algunos creían que Xi podía ser relativamente liberal. La opacidad de la política china daba pie a toda clase de especulaciones sobre los nuevos líderes del país.

El padre de Xi Jinping, Xi Zhongxun, se convirtió en el más alto funcionario del Partido Comunista en el noroeste de China poco después de su llegada al poder y no ocultó sus críticas a la represión policial del Estado en la región uigur. Los intelectuales uigures preferían pensar que Xi Jinping seguiría los pasos de su padre en esta cuestión. Sus esperanzas eran fruto de la desesperación, la fantasía de una comunidad maltratada que aspira a recibir un mejor trato del Gobierno colonial.

Conocí a Ilham Tohti a principios de la década de 1990, en la Universidad Central de las Nacionalidades (como entonces se llamaba), cuando yo estaba terminando la licenciatura y él estudiaba un máster en economía. Ilham era un hombre locuaz y de una energía desbordante; hablaba deprisa, como si tuviera la cabeza llena de palabras y urgencia por expresarlas todas. Cuando nos encontrábamos en el campus, nos parábamos a charlar con entusiasmo entre el ir y venir de profesores y estudiantes. Una vez que arrancaba, no era fácil callarlo, sobre todo si se trataba de su tema favorito: la economía y la demografía de la región uigur.

Ilham llegó a convertirse en el disidente quizá más destacado de los intelectuales uigures en China. A mediados de la década de 2000 fundó un sitio web en chino, Uyghur Online, donde publicaba artículos en defensa de los derechos de los uigures. Su argumento era que el Gobierno chino no estaba desarrollando sus propias políticas autonómicas en la región uigur; que el cuerpo de Producción y Construcción de Xinjiang funcionaba como un Estado sin ley dentro del Estado; que la llegada masiva de residentes de etnia han estaba convirtiendo en minoría a las comunidades autóctonas en su propio país;

que el desempleo entre los uigures alcanzaba cotas alarmantes; que la lengua uigur estaba marginada en el sistema educativo.

Uno de los principales objetivos de Uyghur Online era propiciar un debate sano entre uigures y han, con el ánimo de fortalecer la comprensión interétnica. El sitio se convirtió en un punto de encuentro de intelectuales y estudiantes con afinidad de opiniones —uigures, han y otros— y su influencia en el extranjero era cada vez mayor. Fue un primo mío quien me habló de Uyghur Online; me dijo que muchos jóvenes uigures eran lectores asiduos y debatían sus lecturas en este foro.

Ni que decir tiene, las opiniones disidentes de Ilham Tohti llamaron la atención del Gobierno chino. La policía lo invitaba con frecuencia a «tomar té», el eufemismo utilizado cuando se llevaban a alguien para interrogarlo o hacerle una advertencia informal. En momentos delicados, como la celebración de los Juegos Olímpicos en Pekín en 2008 o la visita de líderes occidentales a la capital, la policía enviaba un mes de «vacaciones» a la familia de Ilham. En 2009, cuando el Gobierno declaró a Ilham responsable de la oleada de violencia en Urumqi, su familia y él desaparecieron. Todo el mundo supuso que lo habían detenido. Pero al cabo de un mes y medio de detención informal en los alrededores de Pekín les permitieron volver a casa.

A pesar de todo, Ilham nunca pensó que el Gobierno pudiera detenerlo o encarcelarlo oficialmente. Era profesor universitario en la capital nacional y estaba convencido de que sus pronunciamientos críticos eran perfectamente legales. Estar empadronado en Pekín también le daba cierta tranquilidad. Pero el clima político en la capital era muy distinto del de la región uigur. Si Ilham hubiera desarrollado las mismas actividades en Xinjiang ya lo habrían detenido.

Las cosas no salieron tal como él esperaba. A mediados de enero de 2014 llegó a Urumqi la noticia de que habían detenido a Ilham en su apartamento de Pekín. Al enterarme y preguntar quién se lo había llevado, me dijeron que los agentes eran de Urumqi.

No era normal que unos agentes de policía de Urumqi hicieran un viaje de más de dos mil kilómetros para detener a un profesor de universidad en Pekín. En un caso como el de Ilham, la detención era competencia de la policía de Pekín. La intervención de las fuerzas de seguridad de Urumqi significaba que la decisión venía de las más altas esferas. Poco después supimos que algunos estudiantes uigures de Ilham habían desaparecido en los alrededores de la facultad más o menos a la misma hora y estaban probablemente bajo custodia policial. Es decir, la situación era grave.

Me alarmó la detención de un intelectual que se había limitado a pedir al Gobierno que cumpliera sus propias leyes. Me produjo la descorazonadora sensación de que se avecinaba una catástrofe para el conjunto de los intelectuales uigures. Con idea de prepararme para el peligro inminente, me dediqué a revisar mis archivos, tanto en mi portátil como en el ordenador del trabajo, y borré hasta el último documento, vídeo, imagen o grabación que la policía pudiera utilizar como pretexto. Ordené a todos los empleados de nuestra oficina que hicieran la misma «limpieza» en sus ordenadores.

Poco antes, navegando por internet, tropecé con «Charter 08», un manifiesto en el que el premio Nobel

Liu Xiaobo —disidente han—, entre otros firmantes, reclamaba democracia y libertades civiles en China. Decidí traducir el manifiesto al uigur, pero no había tenido posibilidad de publicarlo y el texto seguía en mi ordenador. Un par de años antes un amigo me había pasado un archivo Word con una traducción al chino de *Xinjiang: la frontera musulmana de China,* una recopilación de artículos académicos escritos por más de una docena de especialistas estadounidenses y de otros países. El libro se había traducido al chino por iniciativa del Departamento Político del Ejército de Liberación Popular, probablemente para uso interno. Dado el férreo control estatal sobre la información llegada del exterior, estaba impaciente por echar mano a cualquier material extranjero relacionado con los uigures y nuestro país, y leí el libro de principio a fin al menos tres veces. También tenía, en un PDF, un libro del escritor han Wan Lixiong, *Mis regiones occidentales, vuestro Turkestán oriental*, publicado en Taiwán. En el libro salía una foto del Dalái Lama con la líder uigur en el exilio, Rebiya Kadeer, en la que el monje aparecía en actitud afectuosa, con el brazo sobre los hombros de Kadeer. Me emocionó esta entrañable imagen de los líderes de dos comunidades que sufrían la opresión china.

Me había costado mucho encontrar y traducir estos textos, y mi malestar crecía por momentos mientras los borraba uno tras otro. Los acontecimientos posteriores demostrarían, sin embargo, que tomé la mejor decisión. Las cosas iban de mal en peor.

La represión que siguió a los disturbios violentos de 2009 en Urumqi aún no se había aplacado cuando el Gobierno lanzó una nueva campaña contra los uigures.

Conocida como «Mano Dura», la campaña iba supuestamente dirigida contra «el extremismo religioso, el separatismo étnico y la violencia terrorista» y su impacto fue notable. La llegada de inmigrantes han a Xinjiang se intensificó todavía más; se demolieron las viviendas de los uigures y se confiscaron sus tierras. La vida cultural y las prácticas religiosas uigures se prohibieron de forma gradual a la vez que los uigures se enfrentaban a una discriminación creciente en la vida cotidiana. Los problemas señalados por Ilham Tohti, lejos de ser atendidos, se agravaron considerablemente. Pese a todo, el Gobierno insistía en que el malestar uigur tenía su origen en el separatismo y el terrorismo, y el castigo afectó a toda la población sin distinciones.

Dos meses después de la detención de Ilham Tohti, en marzo de 2014, llegaron noticias de un atentado terrorista en una estación de ferrocarril de la ciudad de Kunming, a miles de kilómetros de Urumqi. Los medios de comunicación informaron de que cinco uigures, cubiertos con pasamontañas negros y armados con cuchillos, habían atacado a las personas que esperaban en la cola de las taquillas.

Pasaron otros dos meses, los medios oficiales se hicieron eco de un ataque contra los viajeros en la salida de la estación de tren de Urumqi: los autores, dos uigures armados con cuchillos, se inmolaron a continuación. Poco después se difundió la noticia de un atentado suicida en un mercado de la misma ciudad, perpetrado por terroristas uigures.

En los años inmediatamente posteriores a los violentos disturbios de 2009 en Urumqi, la situación en la región uigur parecía algo más tranquila. Ahora, con esta nueva ola de atentados en un lapso de tres meses, el ambiente se tensó de nuevo. La retórica y la posición del Gobierno se volvieron más agresivas que nunca.

El eufemismo habitual de los uigures para referirse a estos incidentes era: «Ha pasado algo». La reacción de mis conocidos ante los hechos fue ambivalente. Por un lado, su rencor hacia el Gobierno y la mayoría han les hacía sentir que en parte les estaba bien empleado. Por otro lado, no estaba bien dirigir los ataques contra la población civil en lugar de contra el Gobierno. Además, a todos les preocupaba que los atentados dieran pie a un aumento de la represión que acabara por afectarlos personalmente. Los perjudicados protestaban: «¿Por qué hacen esto en vez de dar las gracias por el pan de cada día?».

Las noticias de los medios de comunicación oficiales eran en general vagas, contradictorias y poco convincentes. Las sospechas, las conjeturas y los rumores se extendían muy deprisa. La propaganda gubernamental hacía hincapié en que todos estos incidentes violentos eran obra de separatistas y terroristas, y que su objetivo era separar Xinjiang de China y fundar el Estado independiente de Turkestán Oriental. El Gobierno se negaba a reconocer que sus propias políticas y las difíciles condiciones de vida de los uigures pudieran ser la causa de la violencia.

No obstante, circulaban entre los uigures todo tipo de versiones sobre el origen de los atentados. En la mayoría de los relatos, se presentaba a los autores como víctimas de la injusticia del Estado, movidos por la venganza. Algunos incluso estaban convencidos de que era el propio Gobierno quien planeaba y ejecutaba los atentados para justificar el endurecimiento de la represión y quebrar la voluntad de resistencia de los uigures.

Además de castigar a los implicados en los incidentes violentos, el Gobierno pasó a criminalizar sin piedad a personas que no tenían nada que ver con los hechos pero sí alguna relación con los autores: familiares y conocidos, gente con la que habían compartido alguna comida, gente que alguna vez los había invitado a su casa. Todos ellos fueron acusados de «dar amparo a los terroristas».

Como muchos otros intelectuales uigures, yo tenía un gran interés por saber de qué manera se presentaban estos incidentes en la prensa internacional y qué reacción suscitaban fuera del país. A raíz de los disturbios de 2009 en Urumqi, se cortó el acceso a internet en la región uigur durante casi un año. Cuando volvió a restablecerse el servicio, numerosos sitios web extranjeros —en especial los de noticias— estaban bloqueados; acceder a ellos se consideraba un delito grave. A pesar de todo, utilizábamos clandestinamente Redes Privadas Virtuales para esquivar el famoso gran cortafuegos estatal y acceder a algunas páginas web internacionales de noticias. Con tan poca información sobre nuestro país y lo que ocurría a nuestro alrededor, estábamos dispuestos a correr el riesgo.

Sin embargo, a la vista de que la vigilancia y el control estatal se endurecieron tras la detención de Ilham Tohti, no nos quedó más remedio que borrar las RPV y prescindir por completo de la información internacional. Sin posibilidad de acceso al internet global, mi única opción para estar al tanto de las noticias internacionales eran las emisoras de radio de onda corta.

Ese verano fui con mi familia de vacaciones a Kashgar.

Visitamos a mis padres y pasamos algunos ratos con antiguos amigos. El marido de una compañera de universidad de Marhaba vendía aparatos eléctricos en un centro comercial de Kashgar. Decidí comprarle una radio de onda corta, con la idea de que él podría recomendarme alguna buena.

Al entrar en su establecimiento, lo encontré guardando en cajas las radios que tenía expuestas en los estantes y metiendo las cajas en otras más grandes. Nos saludamos y le pregunté qué estaba haciendo: «Me han llamado de la comisaría —dijo con rabia—. Tenemos que retirar todas las radios de la tienda. De ahora en adelante no nos permiten vender radios».

La lista de prohibiciones no paraba de crecer. Pocos años antes, el Gobierno había prohibido las cerillas. Corría el rumor de que lo hacían para impedir que los separatistas fabricaran explosivos con el fósforo de las cabezas.

Adiós a mis planes de comprar una radio. Unos días más tarde, oí que la policía había empezado a confiscar las radios que la gente tenía en casa, primero en los pueblos y luego en las ciudades.

Parece que la era de la radio toca a su fin, pensé.

Nací justo al final de la década de 1960, en un pueblecito pobre y feo del extremo noroeste del desierto de Taklamakán. El pueblo era una brigada de producción del Proyecto de Recuperación Agrícola de Peyzawat, incluida en la tercera división del Cuerpo de Producción y Construcción de Xinjiang. Las brigadas de producción del sector se encontraban a varios kilómetros unas de otras; para desplazarse entre ellas había que ir por caminos de tierra a través del desierto. Los residentes vivían en sencillas casas de adobe, todas idénticas, facilitadas por el Gobierno. Cuando tocaba arar y cosechar, los miembros de la brigada trabajaban en los campos de cultivo que rodeaban el pueblo, tierras recién ganadas al desierto. Los brigadistas se echaban sus azadones al hombro y se iban juntos a los campos. Los salarios eran iguales para todos. También recibían comida —principalmente harina de maíz— de acuerdo con unas cuotas. La carne, el aceite, el arroz, la verdura, la fruta y la harina de trigo eran productos de lujo. A veces pasábamos meses sin ver el azúcar.

Los artículos más preciados en la zona eran los relojes, las bicicletas y las radios. La radio era el medio más importante para comprender el mundo exterior y la principal fuente de entretenimiento. Todas las radios tenían una carcasa de cromo y una correa para colgar el aparato al cuello. Los hombres se ponían el reloj en la muñeca, instalaban a sus mujeres en el asiento de atrás de la bicicleta, se colgaban la radio al cuello y subían el volumen para oírla en el camino de ida y vuelta al bazar. Aquellos eran sus momentos más felices. Mi madre y mi padre también iban en bicicleta al bazar y por las tardes me traían un rosco de harina de trigo —no de esa harina de maíz gorda que comíamos siempre— y cuatro o cinco caramelos. Yo era el niño más feliz del mundo.

Mi padre colgaba normalmente su preciada radio en un poste dentro de casa. Nadie tenía permiso para tocarla. Escuchábamos las últimas noticias de la propaganda estatal, los partes meteorológicos que casi nunca acertaban y las canciones de alabanza al partido. Mi madre tarareaba esas canciones mientras hacía las tareas domésticas.

Los niños del vecindario desmontábamos las radios estropeadas. Mirábamos con fascinación las piezas, incapaces de imaginar cómo podía salir sonido de ahí. El imán que había detrás del altavoz era lo que más nos interesaba. Nos gustaba sacarlo y emplearlo para encontrar los clavos que enterrábamos en la arena. Nos fascinaban sus poderes mágicos para atraer el hierro.

Una mañana hubo un enorme revuelo en el patio, delante de nuestra casa. Salí corriendo y vi a un policía con su gorra blanca con visera negra, chaqueta blanca y pantalón azul, con dos miembros de la Milicia Popular que iban armados, vestidos de civil y con el brazalete rojo. Llevaban a un hombre con las manos atadas a la espalda y un cucurucho de papel en la cabeza. Daba la impresión de que lo traían andando desde otra brigada de producción. El policía estaba diciendo algo a la gente que se había congregado en el patio. Mi madre dejó la colada y salió conmigo. Nos acercamos a la multitud. Yo no conseguía abrirme paso y no sabía qué estaba pasando. Al cabo de un rato la gente empezó a dispersarse y también nosotros volvimos a casa.

—¿Qué le pasaba a ese hombre? —le pregunté a mi madre.

—Que escuchaba la cadena de radio de los revisionistas soviéticos —dijo con tristeza.

Su respuesta aumentó mi interés.

—¿Cómo ha podido escucharla?

—Se excusó para ir al baño mientras estaban trabajando, se escondió detrás de un tamarisco y encendió la radio que llevaba debajo de la ropa. Estaba oyendo canciones obscenas de Taskent cuando alguien lo sorprendió y se lo dijo al jefe de la brigada —me explicó en tono solemne.

—¿Qué le van a hacer? —pregunté.

Mi madre bajó un poco la voz.

—Hace ya un mes que lo detuvieron. Desde entonces lo están paseando de brigada en brigada. Parece que lo sentenciarán pronto —añadió, mirando hacia la puerta como si estuviera nerviosa.

—¿Qué es una canción obscena?

Mi madre seguía lavando la ropa.

—Una canción obscena es una canción mala.

—¿Qué clase de canción mala? —insistí, sin darme por vencido.

—Todavía eres pequeño —suspiró mi madre—. No te preocupes por eso.

Al cabo de un rato salí a echar un vistazo. Era verano, a mediodía, y hacía un calor abrasador. No quedaba en el patio nadie más que el pobre hombre con el cucurucho de papel, sentado en el centro. El policía y los dos milicianos seguramente se habían ido a comer a casa del jefe de la brigada.

De pronto noté que tenía mucha sed. Entré en casa, llené una taza de agua en el cubo del rincón y me la bebí de un trago. Entonces se me ocurrió que el detenido también debía de tener sed.

—¿Le llevo un poco de agua? —le pregunté a mi madre.

Sin apartar la vista de la colada, estiró la cabeza para mirar hacia fuera.

—Vale —dijo.

Llené una taza de agua y me acerqué al hombre. Tenía

la cabeza agachada y ni siquiera me vio llegar. Le puse la taza delante de los ojos. Se sobresaltó, levantó la cabeza y me miró. Era mayor que mi padre. Tenía la cara muy pálida y tiznada de negro, la barba muy larga y los labios agrietados. Cualquiera tendría una pinta ridícula con aquel cucurucho de papel de periódico en la cabeza. Como estaba maniatado, tuve que acercarle la taza a los labios. Se bebió el agua igual que yo, de un trago. Me miró y sonrió. Di media vuelta y entré en casa corriendo.

Pasé años preguntándome qué era una canción obscena. Más tarde supe que las «canciones obscenas» que aquel hombre escuchaba en la radio eran en realidad canciones populares uigures que emitían en la radio de Taskent. Muchas canciones populares uigures hablan de amor romántico, y en aquellos años de negación de la humanidad, cuando cada individuo no era más que una pieza de la gigantesca maquinaria revolucionaria, se consideraban «obscenas» y estaban prohibidas. En esa misma época se castigó a mucha gente por «escuchar la propaganda reaccionaria en la radio del enemigo». En la región uigur, el concepto de «radio del enemigo» incluía en general todas las cadenas de radio de las repúblicas soviéticas de Asia Central.

La situación mejoró notablemente a principios de la década de 1980. Escuchar la radio extranjera dejó de ser delito y las canciones populares uigures que antes eran «obscenas» se emitían sin restricciones en las emisoras de radio de la región uigur. Por otro lado, el bloqueo informativo del Gobierno chino no llegó a relajarse del todo. Incluso cuando el cine, la televisión y el radiocasete empezaban a sustituir a la radio en la vida cotidiana, muchos seguían usando radios de onda corta para esquivar la restricción informativa sintonizando emisoras extranjeras.

Preocupado por la situación, el Gobierno chino decidió tomar medidas para bloquear la recepción de las señales de radio exteriores. Sobre todo a raíz de los disturbios de 2009 en Urumqi, el gobierno incrementó la inversión en equipos de bloqueo de señales de radio con el fin de «impedir la infiltración de las fuerzas enemigas, así como de aquellas que propugnaban el separatismo étnico desde el exterior». Pese a todo, muchos se negaban a dejar de escuchar la radio extranjera. A principios de 2010, un amigo de Jotán me contó con orgullo que su hermano menor sabía calibrar una radio de tal modo que solo recibía la emisión en uigur de la Radio Libre de Asia, y la señal era muy clara. Su hermano era ingeniero electrónico. Por lo visto había sintonizado la señal de onda corta para mucha gente.

Ahora, al prohibir la venta de radios de onda corta y confiscar las que tenían los uigures, el Gobierno se proponía erradicar definitivamente el acceso a la información que llegaba de fuera. Sin posibilidad de acceso a las páginas web del exterior o a las radios de otros países, nos vimos convertidos de repente en ranas atrapadas en el fondo de una charca.

2. Mi soberbia

En otoño de 2015, durante el rodaje de la serie de televisión *Una historia de Kashgar*, teníamos previsto filmar una semana en Moosh, un pueblo situado a treinta y cinco kilómetros al oeste de la capital de Kashgar. Había en Moosh varios sitios que nos venían muy bien para algunas escenas. Una mañana, al amanecer, salí con otros miembros del equipo a buscar localizaciones. Íbamos veloces en el coche por una carretera flanqueada de álamos blancos, con el destello del sol iluminando las hojas amarillas.

Moosh tenía una importancia especial para mí. A unos kilómetros del centro del pueblo, en una llanura pedregosa, se encontraba el Campo de Reeducación por el Trabajo de Kashgar. Yo había estado allí preso un año y medio. Volvía por primera vez desde que me pusieron en libertad.

Mientras mis compañeros seguían charlando, muy animados, yo me perdí en una avalancha de recuerdos de esa época.

El campo de reeducación quedaba a uno o dos kilómetros a la izquierda. Vi desde la carretera la arboleda que rodeaba el recinto: seguía allí. Contemplé la llanura pedregosa donde nos hacían trabajar arduamente, pero ese día no había prisioneros trabajando. Me habían llegado noticias de que ahora se encerraba en ese campo a los presos «peligrosos»; al parecer se había convertido en una prisión secreta. Como lo único que se sabía de los presos es que eran «peligrosos» pero la naturaleza de sus delitos no se revelaba, deduje que eran presos políticos condenados a cumplir largas condenas.

Seguía absorto en mis pensamientos cuando uno de mis compañeros señaló hacia un enorme complejo de edificios de nueva construcción, a la derecha de la carretera. «Esa es la cárcel de mujeres», dijo como si tal cosa. Los altos muros del recinto estaban rematados con alambre de espino y provistos de cámaras de vigilancia. Pasamos por delante de las enormes verjas negras, donde un cartel escrito en chino identificaba las instalaciones como la Cárcel de Mujeres de Kashgar. Al otro lado de las verjas se extendían las largas hileras de edificios grises. Era un recinto frío y silencioso, sin un alma a la vista. Yo conocía las prisiones, y me estremecí al pensar lo que ocurría detrás de aquellos muros grises.

Esa mañana encontramos dos de las localizaciones que necesitábamos para rodar: una granja de ovejas y un campo pedregoso entre los cerros. Necesitábamos encontrar también una casa campesina, y salimos a buscarla después de comer. Se lo explicamos al alcalde del pueblo, que iba a acompañarnos. El alcalde, uigur, nos llevó a casa del imán de la mezquita. Nos bastó con echar un vistazo a la vivienda para ver que no nos servía y nos preparamos para marcharnos. Pero el imán, honrado por esta visita de la autoridad, insistió en que nos quedáramos a tomar un té. No podíamos rechazar la invitación, así que nos sentamos.

Charlamos mientras tomábamos un té medicinal, soplando en las tazas para enfriar el líquido hirviente. Según la costumbre uigur, siempre se preparaba comida para los invitados, pero nuestro anfitrión, sabiendo que no nos quedaríamos demasiado tiempo, fue corriendo al bazar en su motocicleta y volvió con varias docenas de *samsa* rellenos de carne. Puso sobre un mantel los suculentos bollos recién salidos del horno y todavía calientes.

Justo cuando empezábamos a comer oímos una canción china, «Manzanita», que llegaba de alguna parte. El imán se sacó el teléfono del bolsillo. La canción era su tono de llamada. Salió de casa para hablar.

Tras los disturbios de 2009 en Urumqi, Wang Lequan, el funcionario del Partido que gobernaba en Xinjiang desde hacía quince años, fue trasladado de puesto y Zhang Chunxian pasó a ocupar entonces la secretaría del Partido en la región uigur. Poco después de su llegada, el Gobierno regional dispuso que esta canción, «Manzanita», sonara continuamente en todos los espacios públicos, en los colegios y hasta en las tiendas y los restaurantes privados. Se convirtió en una plaga. La gente la llamaba «la canción favorita de Zhang». Debió de oír la canción en alguna parte y decirles a sus subordinados que le gustaba; quizá intentaban ganarse su benevolencia emitiendo la canción en toda la región.

Poco antes, el Gobierno había dispuesto que también los clérigos musulmanes bailaran al son de «Manzanita». El Estado organizaba concursos de baile para los clérigos y los retransmitía por televisión. Nos llenaba de tristeza y de rabia ver a estos dignos y respetados líderes religiosos, que por lo general se abstenían de todo tipo de entretenimiento, obligados a bailar música disco en un escenario. Ellos, por su parte, apretaban los dientes y procuraban no pensar en lo absurdo y patético de su situación. Obligar a nuestros clérigos a hacer el ridículo de esta manera era un insulto flagrante, a ellos y a nuestra fe, pero no podíamos hacer nada.

El imán terminó de hablar por teléfono y volvió a sentarse con nosotros.

—¿Usted también baila «Manzanita»? —le pregunté.

Reaccionó con sorpresa, como si no se esperase la pregunta, pero no perdió la compostura.

—Como todo el mundo —dijo—. No hace daño y es un buen ejercicio.

Por cómo respondió, me quedó claro que no le había gustado la pregunta y hacía lo posible por zanjar el tema. En presencia del alcalde del pueblo, ¿qué otra cosa podía decir? Me arrepentí al instante de haberlo preguntado.

Me acordé de una escena que presencié cuatro años antes. En otoño de 2011, hice un viaje a Kucha, invitado por la Oficina de Cultura, para producir varios vídeos musicales de canciones populares de la provincia. Para uno de los vídeos necesitábamos entre cincuenta y sesenta extras; pensábamos contratarlos entre los campesinos de la localidad. El jefe de la Oficina de Cultura me acompañó a ver al alcalde del pueblo, también uigur, para explicarle lo que necesitábamos. Teníamos previsto rodar al día siguiente, el 1 de octubre, que casualmente era el Día Nacional en China.

El alcalde escuchó nuestras peticiones.

—Mañana se izará la bandera en todas las mezquitas. Podemos ponernos de acuerdo con los campesinos para después de la ceremonia.

Me quedé de piedra.

—¿Cómo dice? —murmuré en voz alta sin poder evitarlo—. ¿Ahora izan la bandera en las mezquitas?

El alcalde y los dos funcionarios del Partido presentes guardaron silencio. Su malestar era profundo y palpable, y comprendí que tenían las manos atadas.

Era inaudito que se izara la bandera china en los lugares de culto uigures. Ni siquiera en los tiempos de la Revolución Cultural había ocurrido algo así. Obligarnos a que esta bandera ondeara en nuestros templos sagrados era un recordatorio más de que nos habían colonizado. Me habían contado que el Gobierno también obligaba a los tibetanos a izar la bandera en sus templos.

Ahora, cuatro años después de que la bandera empezara a izarse en las mezquitas uigures, obligaban a los líderes religiosos musulmanes a bailar música disco para disfrute del público.

Un día después de que saliéramos a localizar escenarios en Moosh, cuando estaba rodando una escena, sonó mi teléfono. Era el jefe de la compañía que financiaba la serie. Me preguntó cómo iba el rodaje y luego cambió de tono y se puso serio.

—Tengo que decirte una cosa urgente. A partir de ahora no podemos decir en la serie *assalamu alaikum* y *wa alaikum assalam,* o sea: La paz sea contigo y Sea contigo la paz. Hemos recibido una orden del Comité del Departamento de Propaganda del Partido en la Región Autónoma. Acaba de llamarme el director de la cadena de televisión.

Como la serie iba a emitirse en la cadena de televisión de Xinjiang, no teníamos más remedio que acatar las directrices políticas. Tal como exigía la ley, una vez terminado el guion, este se traducía al chino y se sometía a la inspección de un comité especial del Gobierno. Si el comité dictaminaba que el guion no subrayaba la benevolencia del Partido para con los uigures, nos obligaban a añadir contenido que así lo reflejara. A continuación, el comité señalaba que no había personajes de etnia han en la serie y nos pedía que incluyéramos algunos. Aunque la serie tenía como único objetivo representar la vida uigur, no nos quedaba otra que buscar el modo de añadir a un par de personajes de etnia han. Tras meses de revisiones y con enorme esfuerzo, conseguimos que nos aprobaran los treinta episodios. Terminado el rodaje, la serie pasaría otra ronda de censura política.

Además, teníamos que preparar los subtítulos chinos de los treinta episodios rodados en uigur. Yo no sabía de ningún han que viera una serie de televisión uigur; quizá los han que hablaban uigur zapeaban de vez en cuando por estos canales. Los han de Xinjiang ni siquiera ven normalmente los canales en chino; prefieren las producciones de las cadenas de sus provincias de origen, en el interior de China. El asunto de subtitular al chino los programas uigures era otra medida de control adicional.

Al igual que los colonizadores de los imperios europeos, los pobladores han miraban con desprecio a los nativos uigures. La gran mayoría de los han no creía que valiese la pena aprender el idioma uigur. Como no conocían el idioma, la sociedad uigur era algo inescrutable y ajeno para los han afincados en la región, lo que a su vez les producía una inquietud constante. Ahora, los programas de televisión uigures, que ya habían pasado un sinfín de inspecciones oficiales, estaban disponibles con subtítulos en chino para que los ciudadanos han pudieran verlos e inspeccionarlos a su vez cuando mejor les pareciese.

Para supervisar los subtítulos chinos de estos programas recurrieron a Alim, un veterano editor ya jubilado. Dado que los subtítulos eran una «responsabilidad política», los cineastas los preparaban con sumo cuidado y diligencia, y en general estaban libres de falta. No obstante, Alim analizaba al detalle las cuestiones gramaticales y ponía especial atención a las partículas *de* y *di*, que en chino tienen un sonido parecido pero distinta función gramatical. En el mundillo del cine lo llamaban Alim Partícula.

La orden sobre el *assalamu alaikum* me molestó pero no me sorprendió. A lo largo de los últimos años nos habíamos acostumbrado a este tipo de absurdidades.

—¿Qué se supone que tenemos que decir en su lugar? —pregunté.

—No nos lo han dicho. Supongo que podemos decir: ¿Qué tal estás?, ¿Cómo te encuentras?, y cosas por el estilo.

—¿Hay una orden escrita del Departamento de Propaganda?

El jefe dudó antes de señalar con determinación:

—Por eso no te preocupes. Lo único que tienes que hacer es seguir la orden mientras ruedas lo que falta.

—Un momento —insistí—. A ver si lo he entendido bien. ¿Hay o no hay una orden escrita? ¿Me lo puedes aclarar?

—Me han dicho que era una orden verbal. Que no se puede decir *assalamu alaikum* ni *wa alaikum assalam* ni en radio ni en cine ni en televisión ni en publicidad —contestó sin darle importancia, como si fuera la cosa más normal del mundo.

—Ya hemos rodado más de la mitad de los treinta episodios —protesté—. El saludo aparece en todos, porque así lo exigía el guion y porque así es como se saludan los uigures en la vida cotidiana. ¿Cómo nos dicen a estas alturas que no podemos decir eso?

—Te entiendo pero, ¿qué le vamos a hacer? —noté que el jefe me hablaba ahora en un tono más exigente—. Si se prohíbe la emisión de la serie por esto, ¿quién se hace cargo de los millones de yuanes que habré perdido?

—Oye —le dije—, las series de televisión son una representación de la vida, narran historias. Si el Departamento de Propaganda quiere prohibir esas palabras, que dicte primero un decreto o una norma que prohíba su uso en la vida cotidiana uigur. Entonces también podremos dejar de usarlas en el cine y la televisión.

Mi réplica le pareció excesiva. Pasó a amenazarme sin tapujos.

—Te he dado a conocer la norma. Si la incumples serás responsable de las consecuencias.

—Muy bien —contesté—. Voy a seguir rodando según el guion. Si al final tenemos que cambiarlo, prefiero corregir todos los episodios de una vez cuando volvamos a Urumqi. Podemos doblar fácilmente esos diálogos de los actores.

Esto le pareció aceptable. Suavizó un poco el tono.

—Vale, pero ten en cuenta que si no lo hacemos bien saldremos escaldados.

Seguí el plan de rodaje. Unos diez días más tarde, un actor vino de Urumqi a grabar una parte de la serie. Cuando nos reunimos para preparar sus escenas, me contó que la prohibición del *assalamu alaikum* se había anulado.

Poco después me enteré de lo que había pasado. Se había celebrado en Urumqi un festival de teatro y ópera con participación de compañías llegadas de todos los distritos de la Región Autónoma. Un jefe interino del Departamento de Propaganda, de etnia han, había supervisado los ensayos. Mientras veía un montaje de la compañía de Teatro y Danza Ili Song, parece ser que le desconcertaron los saludos *assalamu alaikum* y *wa alaikum assalam*. Se volvió hacia el mando del Partido que estaba a su lado y le preguntó qué significaban esas frases. Este le explicó en chino que eran el equivalente del saludo uigur habitual, *yaxshimusiz*: ¿Cómo estás? A lo que el han contestó a gritos que eso ya lo sabía. El uigur se quedó mudo y el han le ordenó que le aclarase de inmediato el significado de *assalamu alaikum*.

El uigur llamó entonces a un académico islámico que trabajaba para el Gobierno y le preguntó qué significaba la frase. El académico le explicó que era una frase árabe que Mahoma había enseñado a sus discípulos. Su forma completa era *assalamu alaikum wa rahmatullahi wa barakatuh*: Que la paz, la misericordia y la bendición de Dios sean contigo. La respuesta completa a este saludo era *wa alaikum assalam wa rahmatullahi wa barakatuh*: Que la paz, la misericordia y la bendición de Dios sean contigo también. Añadió que normalmente se emplea-ban las versiones abreviadas *assalamu alaikum* y *wa alaikum assalam,* es decir: La paz sea contigo.

Al saber que se trataba de saludos religiosos, el jefe han montó en cólera. Dio la orden verbal de que quedaba estrictamente prohibido el uso de ambos saludos en cualquier medio de comunicación, ya fuese radio, cine, televisión, periódicos o revistas.

Pero la orden se revocó poco después por algún motivo. Supuse que por la enconada reacción ciudadana. No es tan fácil restringir las costumbres y creencias que un pueblo lleva practicando mil años, pensé con cierta soberbia.

Un día, a la hora de comer, en las últimas fases del rodaje de la serie, varios chicos del equipo de iluminación que se habían sentado a mi lado estaban mirando el teléfono que uno de ellos les enseñaba.

—¿Es la lista de la que hablábamos? —preguntó alguien—. Trae aquí, déjanos verla.

—Sí —asintió el dueño del teléfono—. Es la lista de nombres prohibidos. Bin Laden, Sadam, Husein, Arafat...

Uno lo interrumpió:

—Pero no hay uigures que se llamen Bin Laden o Sadam, ¿o sí?

—Puede que algunos les pongan esos nombres a sus hijos. Ya sabes que a la gente le encanta estar a la última.

—Yo no lo he oído nunca —dijo el que había hablado en primer lugar.

El dueño del teléfono ya había acabado de leer la lista. Le pedí que me la pasara y obedeció al instante. El documento, titulado «Lista de Nombres Prohibidos», lo había difundido una oficina del Gobierno de los alrededores, e incluía quince nombres masculinos y siete nombres femeninos, pulcramente ordenados. Algunos, como Husein, Saifudin, Aisha y Fatima, eran muy comunes entre los uigures desde hacía siglos. Otros, como Arafat y Munisa, se pusieron de moda en la década de 1990. Y otros, como Sadam y Guldula, también incluidos en la lista, no eran nada comunes entre los uigures. En la vida había oído que un uigur llamase a su hijo Bin Laden.

Si bien el documento no explicaba el motivo de la prohibición, bastaba con echar un vistazo a la lista para ver que los nombres se habían escogido por ser demasiado «étnicos» o «religiosos» y se prohibían con el fin de atajar el supuesto extremismo religioso. Esto era un mal augurio. Un nombre es la posesión más íntima de un ser humano; si no se le permite conservar su nombre, ¿qué esperanza tiene de conservar otras cosas?

Un año y medio después, el Gobierno regional difundió otra lista de nombres uigures prohibidos. Ocupaba dos páginas e incluía veintinueve nombres masculinos y femeninos. Además de algunos nombres muy corrientes de origen musulmán —Mohamed, Haji, Imam, Islam, entre otros— se prohibían nombres de carácter étnico, como Turkzat y Turkinaz.

Yo tenía un amigo, Memet, que era editor de una revista literaria. En las publicaciones, tenía la costumbre de emplear su nombre árabe completo, Mohamed. Cuando quedó prohibido el nombre de Mohamed, mi amigo pasó a firmar como Memet. En realidad son el mismo nombre pronunciado de distinta manera en uigur y en árabe. Pero la diferencia ahora determinaba si un individuo era o no era un extremista religioso. A aquellos a quienes el Gobierno tachaba de extremistas les hacían la vida imposible.

Otro escritor muy conocido firmaba con el seudónimo de Turan. Esta palabra, que alude a la antigua Asia Central y a la patria común de los pueblos turcos, quedó prohibido por «promover las ideas panturcas». El escritor renunció inmediatamente a su seudónimo.

Las prohibiciones se extendieron incluso a los topónimos. Mis padres son del distrito de Peyzawat, una demarcación de la prefectura de Kashgar, y cuando yo era pequeño, siempre que íbamos a visitar a la familia, nos llevaban al mercado del Pueblo de los Melocotones. Uno de los barrios del pueblo se llamaba Barco Islam, un nombre poco común que se me quedó grabado en la memoria. En la primavera de 2017, supe por familiares de Peyzawat que habían cambiado el nombre del barrio por el de Barco a secas. No lejos de allí, en el Pueblo Rojo, el nombre del barrio de Halal se cambió por el de Huerto. Me llegaron noticias de cambios similares en otras ciudades: en la provincia de Lop Jotán, Islam'awat pasó a llamarse Awat.

Por aquel entonces fui a hacer unos trámites a un despacho de abogados. En la sala de espera me puse a leer un ejemplar del 21 de julio de la *Gaceta de Xinjiang* que había en una mesa. Hojeando el periódico, me llamaron la atención los anuncios de otros cambios de nombre. Uno de ellos decía: «Cuando nació mi hijo, lo llamamos Arafat Ablikim (Carnet de Identidad XXX). A partir de ahora se llamará Bextiyar Ablikim». Este anuncio lo firmaba Ablikim Ghopur, de tal barrio y tal pueblo de la provincia de Yengisar.

Otra persona anunciaba el cambio de nombre de su hija Muslima por el de Marhaba; otra más, que su hija Nurislam ahora se llamaba Pezilet; y uno anunciaba el cambio de su propio nombre, Ababekri (Abu Bakr) por el de Esqer.

Normalmente, cuando se perdían los carnets de identidad u otras credenciales importantes, el departamento encargado de renovarlos requería al titular que publicase un anuncio en un periódico de difusión regional para notificar la pérdida y declarar la nulidad del documento. Ni que decir tiene, publicar este tipo de anuncios en un periódico era bastante caro, pero la importancia de los documentos de identidad obligaba a la gente a afrontar el gasto. Ahora tenían que pagar por publicar en la prensa su cambio de nombre de acuerdo con la normativa estatal.

A finales de ese año, todo el mundo se había visto obligado a nombrar a Alá como «mi señor». Quien empleara, por ejemplo, la despedida habitual «A Alá te encomiendo», a partir de ahora tenía que despedirse con la torpe fórmula de: «A mi señor te encomiendo». Si alguien quería transmitir sus condolencias o bendiciones en las redes sociales por un fallecido, no podía emplear la frase habitual «Que descanse en el cielo»; a lo sumo podía decir «Que descanse en un lugar hermoso». Ningún uigur se atrevía a pronunciar los saludos *assalamu alaikum* ni *wa alaikum assalam*.

Entonces comprendí que mi soberbia había llegado antes de tiempo.

La cárcel de mujeres

El otoño era un tumulto de colores
que nos teñía la ropa en el camino.
Por el lecho arcilloso del arroyo
fluía el agua fresca de Dios
entre los remolinos de hojas rotas.
Pasamos por delante de un recinto desnudo:
en la verja brillaba una luz roja, diabólica.
Qasimjam dijo:
—Esa es la cárcel de mujeres.
Su amigo Rozajun sonrió.
—Pues no me importaría estar en una celda
llena de mujeres.
El cuerpo de la tierra estaba fragmentado.
Los caminos unían los fragmentos.
El aire frío guiaba a su pariente
monte abajo.
Me estremecí de pronto.

3. Intrusos

Llegué al comedor privado con media hora de antelación. Habíamos reservado el salón más grande del restaurante la semana anterior. Dieciséis personas —escritores, traductores, músicos— se habían apuntado para asistir a nuestra primera reunión de poetas en 2016.

Cuando entré en el reservado, el poeta y librero Eli estaba bromeando con el traductor y tendero Almas.

—Veo que traes dos melones, maestro Almas. ¿Te sientes veraniego incluso en pleno invierno? —decía Elis, señalando la fruta que Almas había traído al encuentro.

—Exactamente —dijo Almas—. La benevolencia del Partido me ha templado el corazón. —Todos nos reímos.

Los demás invitados fueron llegando de uno en uno. Nos conocíamos todos y nos saludamos con cariño, entre risas y bromas y conversación casual. Cuando ya había llegado más o menos todo el mundo, apareció un poeta a quien todos conocíamos, con dos hombres a quienes presentó como poetas que se habían enterado del encuentro y querían sumarse. Por la cara que puso todo el mundo, quedó claro que nadie sabía quiénes eran. Ni siquiera habían visto sus nombres en ninguna revista. Los dos poetas parecían algo incómodos.

Dado el ambiente que se respiraba entonces, en encuentros como este los uigures recelaban cada vez más de invitados desconocidos, por miedo a que pudieran ser informadores del Gobierno. Pero en la sociedad uigur, los poetas y escritores son un grupo muy unido, que se apoya mutuamente y busca la compañía de los demás. Es frecuente conocer a nuevos escritores. Tras un primer momento de duda y desconcierto, todos nos sobrepusimos y reanudamos la conversación.

Un año antes se me había ocurrido la idea de organizar de vez en cuando encuentros entre poetas uigures. Si bien la creciente escalada del Gobierno en sus medidas encaminadas a mantener la estabilidad complicaba cada vez más las posibilidades de reunión de los poetas uigures, siempre valía la pena aprovechar el poco margen que nos quedaba. El encuentro y el intercambio de ideas estimulaban la creatividad de los poetas.

Fuimos el novelista Perhat Tursun y yo quienes organizamos la primera reunión. Publiqué en mi círculo de amigos de WeChat el anuncio de que íbamos a celebrar un encuentro de poetas en Urumqi a finales de mayo, y quienes tuvieran interés en participar podían ponerse en contacto conmigo. En cuestión de unos días se apuntaron más de veinte personas. La mayoría eran poetas y traductores que vivían en Urumqi, pero también vinieron algunos de Ghulja, Turpan y Korla. Un par de personas se animaron incluso a hacer un viaje de mil quinientos kilómetros desde ciudades del sur como Kashgar y Jotán solo para asistir al encuentro.

Yo conocía en Dawan, un barrio de Urumqi con gran

presencia de población uigur, un local que me pareció perfecto. Servían comida tanto uigur como occidental. Decidimos ofrecer comida en el encuentro y, como los uigures de Urumqi éramos los anfitriones, la cuenta correría de nuestra parte. Dadas las circunstancias, celebrar una reunión sin comida podía llamar la atención de los cuadros del Partido que merodeaban por las calles. Tal vez pensaran que nuestro encuentro poético podía ser una reunión antigubernamental, en cuyo caso nos denunciarían en el acto. Si la policía llegaba a presentarse, aun cuando pudiéramos evitar un incidente grave, era seguro que tendríamos problemas. Si organizábamos una comida, el encuentro podía pasar por una celebración y así evitaríamos complicaciones.

Esa primera vez, cuatro de nosotros hicimos una breve intervención sobre la crítica de poesía y los demás recitaron algunos de sus poemas. La comida transcurrió en animada conversación. Nos despedimos todos inspirados y de acuerdo en seguir celebrando encuentros similares.

Un par de meses más tarde organizamos la segunda reunión de poetas en el precioso entorno de los Montes Meridionales, cerca de Urumqi. Más de veinte personas nos reunimos alrededor de un enorme mantel, en una yurta alquilada a unos pastores kazajos. Tras los poemas y los debates literarios, disfrutamos de una sopa de cordero, un buen plato de pollo, un té salado con leche, una tarta de queso de granja conocida como *süzme* y unas tortas de pan *naan*. Un poco de té negro bien cargado nos sirvió para contrarrestar el aire fresco de la montaña.

Ahora, en el restaurante, celebrábamos nuestra tercera reunión de poetas. Seguíamos charlando alrededor de la mesa, antes de empezar el encuentro formal, cuando

Perhat Tursun entró en el reservado. Saludó a todo el mundo y luego se acercó a mí. Noté que estaba muy nervioso, alterado. Lo miré con un gesto interrogante y se inclinó para hablarme al oído.

—Tenemos un problema. No podemos reunirnos hoy —me dijo con inquietud—. Ahora mismo, al entrar, he visto un coche de policía en la puerta. Los dos cerdos que estaban dentro se me han quedado mirando.

—No te pongas paranoico —le contesté en un tono algo ridículo. Perhat tenía tendencia a preocuparse sin necesidad—. Puede que hayan venido a comer y beber, igual que nosotros.

Perhat no insistió más, pero seguía alerta.

Aunque pensé que sus sospechas carecían de fundamento, no estaba de más tomar precauciones, por si acaso tuviera razón. Le hice una seña a Almas para que se acercara y le pedí que añadiera un par de botellas de licor, de *baijiu,* a la comida que ya habíamos pedido. «¿Tienes sed?», me dijo en broma. Normalmente no bebíamos alcohol en estas reuniones, y Almas sabía que yo no soy muy bebedor. Pero si Perhat estaba en lo cierto y la policía tenía intenciones de indagar, sospecharían menos si veían en la mesa una botella de alcohol: sería la confirmación de que no éramos musulmanes devotos. El Gobierno prefería a los uigures que celebraban fiestas y se divertían.

A mediados de la década de 1990, con el propósito de combatir una creciente oleada de alcoholismo, ludopatía y consumo de heroína, los uigures de Ghulja recuperaron la tradición del *meshrep.* Además de cantar, bailar y entregarse a otro tipo de diversiones, en el *meshrep* la gente ridiculizaba las malas costumbres con castigos cómicos;

hablaba del cielo y del infierno, y reforzaba la presión social para que los jóvenes no se apartaran del buen camino. Pero el Gobierno local prohibió el *meshrep*, con el argumento de que fomentaba el extremismo religioso. Sin dejarse disuadir, los jóvenes uigures organizaron equipos de fútbol para fomentar la vida saludable a través del deporte. Una vez más, el Gobierno les prohibió seguir jugando y reprimió violentamente sus protestas.

Esa noche, en nuestro encuentro de poetas, creímos que las dos botellas de alcohol en la mesa tendrían el poder mágico de convertirnos en los uigures que le gustaban al Gobierno, los que se divertían y no daban problemas.

Cuando empezamos a comer, la camarera vino con una tetera.

—*Aka,* ¿quién de ustedes es el anfitrión? —Miró hacia mí como si hubiera intuido que yo era el organizador.

—¿Pasa algo?

—Hay dos clientes fuera que preguntan por usted —explicó, titubeando ligeramente.

—Dígales que pasen —contesté, sin pararme a pensar.

La camarera miró hacia la puerta.

—Han pedido que salga el anfitrión.

Vi entonces que las sospechas de Perhat tenían sentido. En ese momento todos supimos que era la policía quien esperaba en la puerta. Se hizo el silencio.

—Iré yo.

Quien dijo esto era un poeta encantador que había vivido muchos años en Pekín. También era músico y cantante. Siempre lo definíamos como un hombre con muchas habilidades sociales. Era perfecto para enfrentarse a una situación como aquella.

—Vale. Ve a ver qué quieren —asentí.

Salió del reservado. Me volví hacia un poeta a quien sabía que le gustaba beber y le indiqué que abriera la botella de *baijiu* y empezase a servir.

—Vamos a comer —les dije a todos. No podíamos dejar que se notara que estábamos nerviosos. La comida continuó.

Al cabo de unos cinco minutos, nuestro amigo volvió al reservado con dos policías de paisano. Por lo visto, a pesar de que les había explicado el motivo del encuentro, querían echar un vistazo. La comida se interrumpió.

—Vengan, siéntense. —Los invité a acercarse a la mesa.

—No, gracias —dijo uno de ellos con altivez.

—¿Qué es este acto? —preguntó el otro.

—Es una reunión de poetas —expliqué—. Todas estas personas son poetas: nos reunimos a menudo. Comemos, bebemos y recitamos poemas. Nada más. —Me aseguré de subrayar el «nada más».

No respondieron. En vez de eso nos miraron a todos, uno a uno, como si quisieran memorizarnos. Nos quedamos callados, observándolos. Después de examinarnos a fondo, los policías dieron media vuelta sin decir palabra y se dirigieron a la puerta sin prisa.

—Quedaos, chicos —dijo el poeta que acababa de abrir la botella de *baijiu*.

—No, gracias —contestó el policía, en el mismo tono que momentos antes.

Y salieron del reservado. Su actitud me resultó intimidante y cómica a la vez. Miré a Perhat, que estaba a mi lado. Se había puesto pálido.

Terminamos de comer y pasamos al debate. Tras una breve introducción invité a Perhat a tomar la palabra.

Empezó explicando que iba a hablar de la diferencia entre palabras, imágenes y símbolos en la poesía. Perhat, que siempre participaba en estos encuentros con gran entusiasmo, ese día parecía un balón desinflado. Habló con desgana. A decir verdad, yo tampoco conseguía concentrarme en su discurso. Intentaba dilucidar cómo había llegado el encuentro a oídos de la policía.

Dos semanas antes, me había reunido en la librería de Eli con otros poetas para planificar la reunión. Propuse celebrarla el 6 de febrero, un sábado. Eli señaló que el 9 de febrero era el 575.º aniversario del nacimiento del poeta Alishir Nava'i y el 115.º aniversario del nacimiento del poeta patriota uigur Abdujaliq, y propuso esa fecha para el encuentro, por ser más simbólica. A todos nos pareció bien la sugerencia, y publiqué el anuncio para nuestro círculo de amigos en WeChat.

Al parecer, fue esto lo que había atraído a la policía al restaurante. Probablemente no era la poesía lo que les preocupaba sino que un encuentro de conmemoración de dos famosos poetas nacionales pudiera convertirse en un acto de crítica al Gobierno o al menos en un acto que no fuera de su agrado.

Alishir Nava'i vivió en el siglo XV y figura entre los más importantes poetas de la literatura clásica uigur. Destacó sobre todo por su defensa de la lengua chagatai, antepasada del uigur moderno, en una época en que el persa era el idioma de la alta cultura en Asia Central. Abdujaliq Uigur, uno de los impulsores del movimiento de reforma educativa uigur en los comienzos del siglo XX, se sirvió de su poesía para llamar al pueblo al despertar y a la liberación nacional. (Justo por esta razón adoptó el seudónimo de Uigur.) Su compromiso político lo llevó a ser ejecutado por el gobernador regional chino en 1933. Hasta hacía muy poco, los libros de estos dos poetas se habían publicado sin cuestionamiento, incluso se empleaban sus poemas en actos oficiales. Todo indicaba que la situación estaba dando un giro.

La visita inesperada de los policías a nuestro encuentro de poetas me hizo recordar un incidente ocurrido en Toqsun un año antes. Un instituto de la ciudad celebró una conferencia sobre pedagogía del lenguaje a la que asistieron más de cincuenta profesores uigures. Los participantes se reunieron después para hacer un pícnic en un parque de los alrededores. Según la costumbre, se invitó a los profesores más veteranos a decir unas palabras. Uno de ellos, un profesor de chino con larga experiencia y distinguido como modelo docente a escala nacional, formuló algunas quejas sobre la progresiva marginación del idioma uigur en el sistema educativo. Unos días más tarde detuvieron a los asistentes al pícnic para interrogarlos, y finalmente los condenaron a todos. A este veterano profesor le cayó una condena de siete años de cárcel.

La gravedad de la situación política nos llevó a extremar las precauciones. En nuestros encuentros de poetas no se decía nada que pudiera alterar los delicados nervios de las autoridades. Aunque yo había citado en el anuncio del encuentro los nombres de Alishir Nava'i y Abdujaliq Uigur, en el programa no se incluía nada relacionado con ellos. Simplemente pensamos que hacer coincidir la fecha del encuentro con sus aniversarios era una forma de conmemorarlos. Llegó entonces mi turno de palabra y leí uno de mis últimos poemas: «Camino».

Que haya un hombre que viva en el invierno
que llene su bolsillo con la lluvia
y encuentre a un campesino
que siembra sus campos con semillas de viento
y le diga: «Aquí estoy»
Y luego a su regreso busque algodón en siete casas
y me lo enseñe entre sus dedos

Justo cuando acababa de recitar la primera estrofa, la camarera volvió al reservado. No pude continuar. Aunque su malestar era evidente, se dirigió a nosotros con cortesía.

—Lo siento pero la policía pide que entreguen todos sus carnets de identidad para anotarlos.

En aquel entonces, ningún uigur salía de casa sin su carnet de identidad. Todos sacamos el carnet del bolsillo. La camarera recogió los documentos en una bandeja con una profesionalidad admirable y se retiró.

El buen ambiente se había esfumado. Aun así, decidí seguir leyendo mi poema y volví a empezar desde el principio. Poco después, la camarera volvió con nuestros carnets.

Continuamos según lo previsto. Quienes habían preparado alguna intervención intervinieron, quienes traían poemas los leyeron. Participaron los dos poetas desconocidos y vimos que no había ningún motivo para sospechar de ellos. Pero los ánimos se habían ensombrecido.

—¿Se han ido los policías? —le pregunté a la camarera mientras me servía el té.

—Todavía no. Están comiendo y bebiendo en el salón de al lado.

—¿Cuántos hay?

—Siete u ocho.

Esto nos asustó. Pensábamos que solo eran dos los que habían ido a controlar el encuentro. Para tranquilizarnos un poco a todos, y también a los policías, nuestro poeta con muchas habilidades sociales fue al salón donde estaban reunidos y se quedó un rato con ellos, bebiendo, bromeando y cantando algunas canciones.

Terminó el encuentro. Posamos para hacer varias fotos de grupo y nos despedimos.

Perhat y yo fuimos los últimos en salir después de pagar la cuenta. Cuando nos alejábamos del patio del restaurante, preocupado y en voz baja, Perhat me dijo:

—Tahir, no podemos volver a celebrar un encuentro como este.

—Ya lo sé —asentí con rabia—. No nos conviene.

Y seguimos adelante sin decir nada más. El viento frío de febrero que silbaba en las oscuras esquinas nos azotaba en la cara.

4. Eli, el librero

En la oficina, sentado delante del ordenador, empecé a notar dolor de cabeza. Decidí pasarme por la librería de Eli.

El invierno de 2016 llegó temprano a Urumqi. Nevó mucho a primeros de noviembre y la temperatura cayó rápidamente. Había una fina capa de hielo en las aceras y los transeúntes andaban con sumo cuidado para no resbalar.

Iba dando un paseo por la avenida de la Unidad hacia la antigua fábrica de porcelana, al este de la ciudad. La librería de Eli me pillaba de camino, y tenía la costumbre de pasar por allí a charlar un rato con él. Otros amigos y conocidos también se acercaban, y las conversaciones siempre eran muy animadas.

Eli era poeta y uno de los participantes más activos en los tres o cuatro encuentros que habíamos celebrado hasta la fecha. Nació y se crio en un pueblo del sur, terminó sus estudios de literatura uigur en la Universidad de Xinjiang a principios de la década de 2000 y desde entonces vivía en Urumqi. Había tenido distintos empleos pero nunca duraba mucho en ninguno. En las temporadas de desempleo redactaba trabajos para algunos investigadores y se apañaba con estos modestos ingresos.

Por su pelo largo, su afición a la bebida y su espíritu sereno y distraído, sus amigos lo llamaban «el místico». Pese a las esperanzas de su madre viuda, Eli seguía soltero cuando ya se acercaba a los cuarenta.

Finalmente, con la ayuda económica de un grupo de amigos, había abierto su librería un par de años antes. Yo doné una docena de ejemplares de mi libro *Tendencias de la literatura modernista occidental*. Era un volumen que Eli conocía muy bien.

Este libro, el primero que introducía con afán sistemático la literatura modernista occidental en el mundo uigur, se publicó en enero del año 2000. Ese año, un gélido día de invierno en Urumqi, fui con un amigo a una pequeña imprenta de las afueras de la ciudad para cargar en una furgoneta tres mil ejemplares del libro. Tardamos todo el día en llevarlos al sótano húmedo y frío de mi amigo. Nunca me había imaginado que los libros pudieran pesar tanto.

Mientras pensaba cómo distribuir los volúmenes, Eli vino a verme con otro estudiante de Xinjiang. Me preguntaron si querría dar una charla sobre mi libro en la universidad. Aunque se habían publicado muchas obras en chino sobre literatura modernista occidental desde la década de 1990, este era una novedad para los uigures. Según Eli y su amigo, había algunos estudiantes de literatura muy emocionados con su publicación. Acepté gustosamente la invitación.

Mi charla no tenía nada que ver con la política. Pese a todo, las normas de la universidad exigían que los estudiantes presentaran una solicitud a través de sus profesores para que la administración autorizase la charla; una vez las autoridades académicas hubieran hecho la consabida revisión política del texto, se me permitiría dar la charla. Superar la censura llevaría su tiempo; además, una charla impartida por un poeta como yo, que trabajaba al margen del sistema estatal, tenía escasas posibilidades de ser autorizada. Aun cuando se diera el permiso, la universidad enviaría a un representante para supervisar la charla. Por todos estos motivos, los estudiantes decidieron no informar a la universidad y celebrar el encuentro en el aula donde estudiaban por las tardes.

Tal como me habían pedido, llevé veinte ejemplares de mi libro, los firmé y los vendí antes de dar la charla. Luego hablé de literatura modernista occidental alrededor de una hora. Eli fue el primero en hacerme una pregunta al terminar. Cuando nos despedimos, pidió a varios alumnos que me acompañaran hasta la puerta de la facultad.

Desde ese día, Eli y yo nos veíamos bastante. Hablábamos de literatura, de filosofía sufí, de historia uigur, del islam y de diversas cuestiones de actualidad en la sociedad uigur. Eli, excelente orador, conocía montones de anécdotas, y a sus amigos nos encantaba escucharlo: hablaba de asuntos que nunca se habían contado en los libros de historia, de experiencias de personajes famosos del pasado que nunca habíamos oído. Lo relataba todo con la mayor convicción, como si lo hubiera presenciado. También sus poemas estaban llenos de leyendas antiguas y personajes históricos.

Todos nos alegramos cuando Eli abrió la librería y por

fin consiguió unos ingresos estables. Eso sí, en consonancia con su estilo de vida relajado, a veces dormía hasta mediodía y abría la tienda muy tarde. A veces se olvidaba de cerrar antes de irse a casa por la noche. Otras veces desaparecía sin avisar y dejaba la librería cerrada varios días seguidos. Como no tenía teléfono móvil, localizarlo solía ser cuestión de suerte.

Ese día, cuando fui a su librería, el diminuto Eli estaba subido a una silla, colocando libros en una estantería. Noté el olor a libros nuevos. Me gustaba ese olor; me evocaba recuerdos lejanos del primer día de colegio. De pequeño, me encantaba hojear el libro de texto recién comprado y aspirar su aroma.

Eli se alegró de verme y me invitó a sentarme. Aunque era pequeña, la librería parecía bastante espaciosa, porque no había en ella demasiados libros.

—No sabía si te iba a encontrar —dije.

—Pues aquí estoy, *aka* —contestó, en un tono muy digno— ¿Dónde si no?

—Me han dicho que hace una semana te volviste a dejar la puerta abierta de par en par y te marchaste. La puerta se quedó abierta toda la noche. Espero que no te robasen nada.

—Vamos, *aka,* nadie roba libros. Si conociera a alguien que quisiera robar un libro, se lo regalaría y además le invitaría a un buen plato de fideos *leghmen*. Además, con lo tensa que está la situación, con la policía husmeando por todas partes y el Gobierno convirtiendo a los ciudadanos en policías, ¿qué va a hacer un ladrón? No debe de quedar ni uno —dedujo con sagacidad.

Me hizo reír. Me gustaba cuando Eli hablaba así.

—¿Cómo va el negocio? —pregunté.

—No muy bien. Si sigo así no sé cómo voy a pagar el alquiler. Tendré que cerrar.

—Un negocio no puede ir bien si te quedas durmiendo hasta mediodía, abres solo por las tardes y desapareces varios días seguidos —señalé.

—Ese no es el problema, *aka*. Lo que pasa es que la edición en uigur está de pena por culpa de la situación política. Últimamente se dice por ahí que han prohibido muchas novelas históricas. Sabes tan bien como yo que, en el mercado uigur, las novelas históricas siempre han superado en ventas a cualquier otro género. Pero desde hace dos meses, los editores se niegan a vendernos títulos como *Rastros* o *Patria*. Parece que los rumores son ciertos.

Hacia finales de ese año publiqué mi primer poemario, *La distancia y otros poemas*. Busqué una imprenta barata y costeé de mi bolsillo una tirada de tres mil ejemplares. Tres meses después, cuando por fin salieron de la imprenta, organizamos una firma de libros en el local de Eli.

Yo escribía poesía desde los dieciséis años pero nunca había sido un poeta prolífico. Me faltaba compromiso. Además, mi estilo inconformista estaba cada vez más alejado de la corriente formalista, mayoritaria en la poesía uigur, y me resultaba cada vez más difícil publicar. Puede que eso me quitara un poco las ganas de escribir. No era el único poeta en esta situación.

No tenía previsto publicar mis poemas en ese momento. Ningún editor pagaría por sacar un volumen mío, y eso significaba que tendría que recurrir a la autoedición.

Pero el empeoramiento del ambiente político me animó a dar el paso. Si las cosas seguían tal como estaban, editar libros en uigur pronto sería aún más complicado. Tenía que publicar un poemario mientras fuera posible. Y ahora que por fin me animaba a hacer una antología, después de muchos años escribiendo, quería que fuera lo mejor posible: no hace falta decir que esta era una ambición cara.

La situación política me obligó a extremar las precauciones. Conforme se iban acumulando los rumores sobre los «problemas» que habían tenido ciertos libros, el miedo se apoderaba de los autores como yo. Tras muchos años de sometimiento al escrutinio estatal, los autores uigures eran en general más cautos y sensibles que los propios censores del Partido. De todos modos, correspondía al Estado decidir si un libro podía ser problemático, y los criterios eran cada vez más estrictos. Si se daba el caso de que los criterios cambiaban, de tal modo que un libro publicado previamente ya no cumplía con ellos, el autor lo pasaba muy mal.

Así, revisé a fondo los poemas antes de publicarlos. Decidí entonces excluir algunos de los que había seleccionado. En uno de ellos omití un verso: «No puedes imaginar la patria que nunca has visto» y en otro cambié uno que decía: «Mi madre no es infiel» por «A mi madre no le falta fe».

Una vez impreso el volumen, Eli se esforzó mucho para ayudarme a venderlo, como ya había hecho con mi libro anterior. Una semana después de la firma de ejemplares en su librería, decidimos ver si la sucursal de Xinhua de la Región Autónoma estaba dispuesta a distribuir el libro. Xinhua es la librería estatal más grande de China, con sedes en todo el país. Aunque eran lentos con los pagos de los libros publicados con medios privados, era importante que esta cadena de librerías distribuyera mil o dos mil ejemplares de mis poemas.

Eli y yo nos dirigimos por tanto al centro de la distribución editorial de libros escritos en lenguas minoritarias de Xinhua, al norte de la ciudad. Como trabajaba en el sector del libro, Eli conocía a la gente de allí.

A nuestra llegada, todo el personal estaba reunido, así que nos sentamos a esperar en la puerta de la sala de reuniones. Oí a Erkin, el director del centro, hablando en chino. Lo conocía desde hacía algún tiempo. En 2001, poco después de la publicación de *Tendencias de la literatura modernista occidental,* que pagué de mi bolsillo, hablé con él para distribuirlo en librerías, pues por aquel entonces era el director de distribución de las librerías de la Región Autónoma de Xinhua. Se puso a ojear el ejemplar que le había llevado y dijo: «¡Vaya jerigonza!», antes de comprometerse a distribuir quinientos ejemplares. Era un hombre irritable y de voz estridente.

Fue por su voz por lo que lo reconocí ese día. En un tono muy desanimado, estaba diciendo que en sus treinta años de trabajo en el sector de la distribución editorial nunca había visto una situación como aquella.

—Se refiere a la prohibición de las novelas históricas —me susurró Eli al oído.

A raíz de los disturbios de 2009 en Urumqi, el Gobierno regional emprendió el proyecto «Volver la Vista Atrás». El Departamento de Propaganda organizó unos grupos especiales con el cometido de revisar los libros escritos en uigur, además de periódicos, revistas, películas y programas de radio y televisión desde la década de

1980 hasta la actualidad. El cometido de los revisores era identificar cualquier contenido relacionado con el separatismo étnico o el extremismo religioso.

Dos años después del inicio del proyecto, recibí una llamada inesperada de Nijat, un fotógrafo que era el editor de la sección de arte de una revista uigur muy popular. Nos habíamos conocido en Kashgar, en el año 2007, mientras yo dirigía un documental sobre las celebraciones uigures del Eid al Adha, como parte de una serie encargada por el Gobierno sobre el patrimonio inmaterial uigur. El documental seguía a un fotógrafo que hacía el reportaje del festival de Kashgar, y ese fotógrafo era Nijat.

Un amigo suyo formaba parte de los equipos de revisores del proyecto «Volver la Vista Atrás». Mientras revisaba películas ya difundidas, este amigo vio a Nijat en el documental de Eid y le explicó lo que estaba pasando. Preocupado por mi seguridad, Nijat me había llamado para asegurarse de que estaba bien.

Le di las gracias y le dije que de momento no me había pasado nada. De todos modos, me asustó saber que el Gobierno estaba revisando películas encargadas por sus propios organismos y aprobadas para su distribución por su propia censura.

Siete años después, como resultado de estas políticas, se detuvo a media docena de intelectuales uigures por editar libros de texto en uigur, desde primero de primaria hasta bachillerato. Estos libros llevaban una década empleándose en las escuelas sin que nadie detectara en ellos ningún problema hasta 2016. A la vista de estas seis detenciones, el problema debía de ser muy grave.

Corría el rumor de que habían encontrado problemas

similares en casi todas las novelas históricas uigures y de que no tardarían en prohibirlas. El Gobierno incluso había prohibido una novela histórica muy popular de Seypidin Ezizi, el funcionario uigur de mayor rango en la historia del Partido Comunista Chino. Si la obra de un veterano que gozaba de la confianza del Partido podía prohibirse, no era difícil imaginar lo que esperaba a otros escritores uigures.

—Tahir, *aka*, estás muy callado. —Esta observación de Eli me sacó de mis cavilaciones

—Estoy escuchando a Erkin —contesté.

La voz de Erkin, fuerte, llegaba desde la sala de reuniones. En ese momento exhortaba a los empleados del centro de distribución a que ignorasen los rumores, hicieran bien su trabajo y confiaran en que todo se solucionaría.

Cuando terminó la reunión buscamos a Qadir, el entonces jefe de la distribución oficial, y le explicamos el motivo de nuestra visita.

—Los libros de poesía no son fáciles de vender. Es mejor que se encargue usted personalmente —nos dijo sin ceremonias—. Digamos que aceptamos este libro suyo. Si las librerías del centro de distribución de Xinhua no lo compran, se quedará pudriéndose en este almacén.

No había nada más que añadir. Nos fuimos de allí desilusionados. Sabíamos que esta era la respuesta probable, pero al menos lo habíamos intentado.

En el camino de vuelta, Eli me contó que la Editorial de las Nacionalidades de Pekín había publicado recientemente poemarios de Adil Tuniyaz y Ghojimuhemmed Muhemmed, dos poetas sobresalientes, y se había encontrado con que la Oficina de Información y Publicaciones de la Región Autónoma Uigur de Xinjiang se negaba a permitir su distribución. El jefe de la división uigur de la Editorial de las Nacionalidades estaba indignadísimo. «Somos una editorial afincada en Pekín de alcance nacional. ¿Por qué no nos permiten distribuir nuestros libros en Xinjiang?»

«En ese caso distribuyan sus puñeteros libros en Pekín —fue la respuesta del director han de la Oficina de Información y Publicaciones—. En Xinjiang se hace lo que nosotros decimos.

—Los funcionarios han antes no podían permitirse decir esas cosas —dijo Eli con aire sombrío—. Las cosas deben de estar muy mal.

En general era raro que el Gobierno prohibiera los libros una vez publicados, en primer lugar porque el libro había superado numerosos niveles de censura política, y en segundo lugar porque cuando anunciaba la prohibición de un libro, este se hacía famoso de la noche a la mañana y la gente se las ingeniaba para conseguir un ejemplar por cualquier medio posible. Las personas que nunca habían oído hablar del libro de pronto querían leerlo. Por su distribución clandestina, estos títulos atraían a muchos más lectores de lo habitual. Así, el Gobierno se mostraba reacio a prohibir cualquier libro y optaba por bloquear su venta sin llamar la atención o por retirarlo de las librerías.

A principios de la década de 1990 se prohibieron las obras del poeta e historiador Turghun Almas: *Los uigures, Breve historia de los hun* y *Literatura uigur antigua*. Según los censores, estos libros «promovían la ideología nacionalista uigur y abogaban por el separatismo étnico». Se desplegó entonces en toda la región una campaña destinada a criticar estos libros. Muchos intelectuales que ni los habían leído ni tenían intención de leerlos empezaron entonces a presentar irónicas solicitudes al Gobierno: «Facilítennos ejemplares de los tres títulos, para que podamos leerlos detenidamente y criticarlos con más eficacia». Naturalmente, todos sabían que el Partido no accedería a tal cosa sino que obligaría a la gente a leer, memorizar y recitar las críticas oficiales.

Más o menos en la misma época, un amigo que estudiaba educación física en la Escuela de Formación del Profesorado de Kashgar me contó una historia. Un día se celebró en el cine de verano de la escuela un «Acto Multitudinario para Criticar los Tres Libros y En Contra del Separatismo Étnico». Las autoridades uigures del centro de enseñanza se sentaron en el escenario. El rector leyó con voz sonora las críticas distribuidas por el Departamento de Propaganda de la Región Autónoma Uigur.

Según lo acordado, cuando el rector terminó su lectura, un cuadro de la oficina de propaganda de la escuela gritó: «¡Aplastad a los separatistas étnicos!». La programación del acto obligaba a los estudiantes a corear: «¡Aplastadlos!». Pero los estudiantes se despistaron. Solo habían visto entonar este eslogan en las películas. En un primer momento, nadie coreó la proclama del cuadro.

—¡Cantad conmigo! —gritó este—. ¡Aplastad a los separatistas étnicos!

Esta vez unos pocos estudiantes lo siguieron. Pero en la zona donde estaban los alumnos de educación física se oyó claramente una voz que abucheaba: «¡Muuu!».

Nadie sabía quién había sido. Los estudiantes empezaron a cuchichear. Algunos se rieron.

Viendo que muchos seguían sin repetir el eslogan, el cuadro lo intentó por tercera vez, en voz más alta: «¡Aplastad a los separatistas étnicos!». Esta vez todos los estudiantes entonaron: «¡Muuu!».

El cuadro, desconcertado, gritó: «¡Viva la solidaridad étnica!». Y los estudiantes mugieron con todas sus fuerzas: «¡Muuu!».

El rector, que observaba el espectáculo, se levantó hecho una furia.

—¿Quién está abucheando? —vociferó—. ¡Fuera de aquí!

Los estudiantes se quedaron callados, con la vista en el suelo. El rector los miró unos momentos echando chispas y dio el acto por terminado.

Mi amigo concluyó su relato.

—Ese día nos quedamos a gusto —dijo con cierto orgullo. Guardó silencio unos momentos y añadió con tristeza—: A veces pienso que es mejor ser vaca que ser uigur.

5. El brazalete rojo

Cuando abrí la puerta de la tienda de comestibles de Almas no había ningún cliente en el local. Almas estaba apoltronado en una silla, leyendo un libro. Llevaba en el brazo izquierdo un brazalete rojo con el emblema «Seguridad» grabado en amarillo, en caracteres chinos. La escena evocaba a los Guardias Rojos que leían las obras completas del presidente Mao en los tiempos de la Revolución Cultural.

—¡Enhorabuena por el brazalete! —le dije en broma.

—¡Gracias! ¿Me queda bien? —contestó con sorna.

—Esto es una novedad. ¿Los está repartiendo el Partido?

—Los reparte, pero no son gratis —dijo, haciendo una mueca—. Este me ha costado veinte yuanes, la porra treinta y el silbato diez. Sesenta yuanes tirados a la basura.

Apoyada junto a la puerta había una porra de más de un metro de largo. Tenía el mango encintado y se ensanchaba hacia el extremo. Parecía maciza. Justo al lado, colgado en la pared, había un silbato amarillo con una cinta roja.

—¿Obligan a comprar estas cosas a todos los comerciantes?

—Sí —asintió, rascándose la cabeza—. Hay que tenerlas a mano en todas las tiendas. El comité del distrito publicó un anuncio. Cuando un comercio abre sus puertas, un empleado tiene que ponerse el brazalete. Si nos pillan sin él, nos obligan a cerrar la tienda y precintan la puerta. Para que quiten el precinto tenemos que ir al comité del distrito, pagar una multa y prometer por escrito que eso no volverá a ocurrir. ¿En tu empresa no os han obligado?

—No, no nos han dicho nada.

—Supongo que la medida solo afecta a los negocios a pie de calle.

Almas dobló entonces la esquina de la página que estaba leyendo y cerró el libro.

Intentando animarle, añadí:

—Tampoco nos dejan en paz. En nuestro edificio, nos obligan a salir corriendo a todas horas para hacer Maniobras Conjuntas Antiterroristas.

—No he pasado por la librería de Eli últimamente —dijo Almas, con una nota de ironía en la voz—. Pero me han dicho que él también tiene una porra apoyada detrás de la puerta, un silbato colgado en la pared y un brazalete rojo. Seguro que el brazalete le queda genial con el pelo largo. Me muero de ganas de verlo.

—Sé un poco más comprensivo con los demás. Ahora tenemos todos una pinta absurda.

A principios del otoño de 2016 se impusieron en toda la Región Autónoma Uigur de Xinjiang nuevas medidas de «protección del orden», también en Urumqi, la capital. Una de ellas consistía en movilizar a los empleados del sector privado en un «Bloque Unido de Defensa contra la Violencia Terrorista». Este bloque de defensa reclutaba a sus miembros en las tiendas y los edificios de oficinas de los barrios uigures de Urumqi.

Unos días antes, me había fijado por primera vez en que los dueños de las tiendas llevaban los brazaletes. A eso del mediodía, Marhaba me pidió que fuese a comprar un poco de cordero a la carnicería uigur que estaba enfrente de nuestro edificio. Al entrar en la tienda, vi que el carnicero estaba despiezando un cordero colgado de un gancho. Lo que me sorprendió aún más que el brazalete fue la cadena de un metro de largo que sujetaba el cuchillo a un poste. La cadena era demasiado corta para manejar el cuchillo con libertad, y el despiece que estaba haciendo del cordero era una chapuza. Vi que la hachuela también estaba encadenada al bloque de cortar la carne.

A primeros de octubre, los comités de distrito habían dado la orden a todos los restaurantes y todas las carnicerías de sujetar con cadenas a un sitio fijo cuchillos, hachuelas y cualquier otro instrumento cortante. Hasta las familias tenían que registrarse con su carnet de identidad para comprar cuchillos de cocina. Decían que en algunos barrios se grababa el número de carnet de identidad en la hoja del cuchillo al comprarlo. Era evidente que estas medidas tenían la finalidad de impedir ataques de terroristas violentos que pudieran armarse con estos utensilios. A ojos del Gobierno, un carnicero constituía una amenaza oculta. Ahora, sin embargo, el carnicero llevaba un brazalete rojo y se había sumado a las filas contra el terrorismo.

Almas me explicó que el comité de su distrito había

dividido las tiendas en grupos de diez y designado como jefe de grupo a un tendero relativamente dispuesto. El comité exigió luego a cada brigada de tenderos practicar maniobras regulares contraterroristas de respuesta inmediata. Las maniobras empezaban sin previo aviso, cuando el jefe del comité responsable de una zona ordenaba al jefe de brigada que tocase el silbato. Al oír el silbato, los demás integrantes del grupo agarraban sus porras y se reunían en el lugar acordado. Siguiendo órdenes del jefe del comité, los brigadistas recorrían las calles del barrio en busca de terroristas. Otras veces tenían que blandir las porras y simular que atacaban a los terroristas. Algunos protestaron al principio, porque les parecía absurdo patrullar las calles y dar golpes al aire; otros se partían de risa. Pero ante los reproches y las advertencias de los cuadros del comité del distrito, todos se acostumbraron poco a poco.

—Si no eres jefe de un grupo, ¿qué haces con el silbato? —pregunté.

—Si los terroristas provocan disturbios, todos los tenderos están obligados a tocar el silbato inmediatamente. Al oírlo, los demás tienen que armarse con las porras y reunirse en la puerta de la tienda donde se haya tocado el silbato. Ahí formamos un bloque de defensa y resistimos a los terroristas hasta que lleguen las fuerzas especiales.

—Si ahora prácticamente todo el mundo está movilizado para preservar el orden, ¿de dónde va a venir un ataque terrorista?

—Justamente. No es más que otra tormenta pasajera —observó Almas con sagacidad—. Pasará pronto.

Aunque Almas era un poeta entregado y con un estilo

muy personal, su mayor éxito residía en su labor como traductor. Había vertido varias obras de filósofos occidentales del chino al uigur. Dos de ellas se habían publicado. Solo quienes han traducido alguna vez filosofía son conscientes de la dificultad de la tarea. El trabajo de Almas era muy valorado entre los intelectuales uigures.

Pero siempre había vivido con estrecheces económicas. Después de estudiar literatura uigur en la Escuela de Formación del Profesorado de Kashgar, trabajó como editor en Urumqi para una revista escrita en uigur. Conoció a una joven profesora de instituto muy guapa, apasionada de la literatura, con la que se casó en el verano de 2007.

Almas me contó que un par de años después de casarse le había pedido a un amigo noruego que le escribiera una carta de invitación para poder solicitar un pasaporte y estudiar en el extranjero. El Gobierno ponía todos los obstáculos imaginables a cualquier uigur que intentara conseguir un pasaporte. El primero era presentar una carta de invitación de otro país.

Antes de que hubiera tenido siquiera oportunidad de solicitar su pasaporte, Almas recibió una inesperada visita nocturna de los dos policías uigures que me habían interrogado a mí más o menos en la misma época. Ekber y su ayudante Mijit también se llevaron a mi amigo a la sede del Departamento de Seguridad Pública del distrito de Tengritag, donde lo interrogaron hasta el amanecer. Se centraron especialmente en su relación con este individuo de Noruega y otros contactos que pudiera tener en el extranjero. Almas respondió a todas las preguntas con respeto y amabilidad. Tras hacer un informe riguroso del interrogatorio, le ordenaron que aplazara de momento la solicitud del pasaporte. Por la mañana lo dejaron irse, no sin antes indicarle que tenía que reunirse con ellos para charlar con regularidad. Con ganas de que el interrogatorio terminase de una vez, Almas accedió.

A lo largo de los dos meses siguientes, Ekber y Mijit lo llamaban a todas horas para reunirse con él. Aunque no tenía ninguna gana de verlos, le daba miedo negarse y pensó que no le quedaba otra elección. Según Almas, las conversaciones en estos encuentros no tenían nada de especial. Se limitaban a comer y a charlar de cosas sin importancia; a veces, los policías le insistían para beber alcohol. Ni que decir tiene, la factura de la comida siempre corría por cuenta de mi amigo.

El salario de Almas, de entrada, no era alto; su mujer acababa de dar a luz a una hija y en ese momento no estaba trabajando. Invitar continuamente a los policías a estas comidas sin sentido estaba haciendo mella en sus finanzas. Su mujer se quejaba mucho, y también Almas estaba harto de la desvergüenza de los agentes. Por fin, cuando recibió otra llamada de Ekber, Almas se acaloró, como yo con Mijit. «Si soy culpable de algo, deténganme y enciérrenme. ¡Si no lo soy, dejen de molestarme!» Y desde entonces no había vuelto a contestar sus llamadas.

Poco después ocurrió algo extraño. El jefe de Almas en la revista le anunció que estaban haciendo recortes de plantilla y lo despidió de un día para otro. Aunque no tenía pruebas, Almas estaba seguro de que los policías habían forzado su despido. Tampoco podía hacer nada, aun cuando consiguiera demostrarlo. La precariedad de su familia se agravó todavía más.

Más adelante la familia de Almas se mudó a un edificio de apartamentos cercano al nuestro en Dawan. Al cabo de un año de esfuerzo, alquiló un local enfrente de su edificio, lo reformó y abrió una tienda de comestibles y enseres domésticos. Un año después, cuando la situación política en Urumqi empeoró, fue esta tienda la que tuvo que fortificar para integrarse en el Bloque Unido de Defensa contra la Violencia Terrorista.

La campaña que según Almas sería pasajera se endurecía por momentos. El viento cobró la fuerza de un vendaval que no tardó en arrasarlo todo.

La avenida de la Unidad

Cayó la noche para los manchados de sangre roja,
cayó también para los manchados de sangre negra.
Amaneció para los que olvidan.
También para los que se vengan.

Volvió deprisa de la tumba caliente,
lavándose la muerte de la cara en el viento,
y entonces,
desde el Oriente fiel al Occidente frívolo,
desde las tristes cumbres a los valles gozosos,
desde la periferia familiar al centro extraño,
echó a andar con el paso de un hombre que sucumbe.

6. Desde la ventanilla de un coche

Acababa de dar mi clase semanal de dirección de cine en el Instituto Xinjiang cuando me llamó Marhaba. Me dijo que nuestra amiga Dilber había llegado de Kashgar y que iba de camino a la puerta principal del instituto para reunirse con ella.

Dilber era la directora de un famoso hotel de Kashgar. Mientras rodábamos la serie de televisión *Historia de Kashgar,* estuvimos dos meses alojados en su hotel. Cuando Marhaba fue a verme y se quedó dos semanas conmigo, pasó tiempo con Dilber en el hotel mientras salíamos a rodar. Dilber tenía un único hijo que estudiaba interpretación en el Instituto de Arte de Xinjiang, donde yo era profesor invitado. Charlábamos mucho con ella, comimos juntos en varias ocasiones y en el momento de marcharnos de Kashgar habíamos llegado a conocernos bien.

Marhaba me contó por teléfono que el hijo de Dilber había bebido y se había metido en líos en la residencia de estudiantes, y el instituto amenazaba con expulsarlo por quebrantar el código de conducta. Dilber vino enseguida a Urumqi para rogar a las autoridades del centro que permitieran a su hijo continuar sus estudios.

Cuando llegué a la puerta, vi a Dilber sola. Mientras nos saludábamos llegó Marhaba. En cuanto acabamos de ponernos al día Dilber se echó a llorar. Supusimos que lloraba por su hijo y tratamos de consolarla. Pero no estaba preocupada solo por su hijo. Nos contó lo que había pasado en Kashgar los últimos días.

Habían empezado las detenciones en masa. Los detenidos eran tantos que las instalaciones de la ciudad —celdas en comisarías, prisiones, centros de internamiento, campos de trabajo y centros de desintoxicación— no tardaron en verse desbordadas. En cuestión de pocos días, numerosos centros de enseñanza, oficinas del Gobierno, incluso hospitales, se convirtieron en «centros de estudio» y se dotaron apresuradamente de puertas de hierro, barrotes en las ventanas y alambradas de espino. Corría el rumor de que en las afueras de la ciudad estaban construyendo a contrarreloj muchos más «centros de estudio», cada uno con capacidad para decenas de miles de personas. El miedo llegaba a todas partes. La gente decía que había llegado el día del juicio.

Según Dilber, el objetivo de las primeras detenciones fueron los religiosos devotos. Tampoco iba a librarse ningún uigur que hubiera estado en el extranjero, por el motivo que fuese. La primavera anterior, el dueño del hotel donde trabajaba Dilber había pasado una semana en Dubái con una veintena de sus mejores empleados, entre los que se encontraba ella. Para estas personas que llevaban años atendiendo a huéspedes extranjeros pero nunca habían salido del país este viaje fue una experiencia emocionante y maravillosa. Ahora, sin embargo, todo indicaba que les traería desgracias. Dilber había llegado a Urumqi la noche anterior, en avión, y esa misma mañana la habían llamado de la comisaría de policía de su distrito en Kashgar para ordenarle que se presentara de inmediato. Pensaba volver al día siguiente por la mañana, después de ocuparse del asunto de su hijo. Le aterrorizaba que al llegar a Kashgar la mandasen «a estudiar».

La invitamos a comer, pero dijo que no tenía el estómago en condiciones. «La próxima vez», añadió con pena. Aunque nadie sabía cuándo llegaría esa próxima vez, ni si llegaría.

Nos despedimos de Dilber. Mientras arrancaba el coche, Marhaba llamó enseguida a mi madre, que vivía en Kashgar, para ver cómo estaba. Mi madre nos confirmó que la familia de Kashgar estaba a salvo, al menos de momento.

Empecé entonces a seguir de cerca la información sobre las detenciones en masa. Esto fue a mediados de marzo de 2017.

Tres días más tarde, mientras estaba trabajando en mi despacho un viernes por la tarde, recibí la llamada de un antiguo amigo que se había «reformado» conmigo en el Campo de Reeducación por el Trabajo de Kashgar veinte años antes. Después de saludarnos, me contó que en Jotán, donde vivía, habían detenido a varios antiguos prisioneros del campo, uno tras otro, a lo largo de los últimos días. Pronto le tocaría a él, añadió. Y también estaba preocupado por mí. Le tranquilizó saber que de momento estaba bien. Le di las gracias y le ofrecí unas torpes palabras de consuelo. Terminó la conversación diciéndome en voz baja: «Bueno. A Dios te encomiendo». Aunque esta era la típica despedida uigur, esa tarde me pareció definitiva.

Lo llamé al cabo de unos días, pero tenía el teléfono apagado. Lo llamé varias veces esa semana, pero seguía apagado. Llamé a tres amigos comunes de Jotán para preguntarles por él. También tenían el teléfono apagado.

Jotán, a mil quinientos kilómetros de Urumqi, parecía de repente mucho más lejos. Tuve la extraña sensación de que allí no quedaba ni un alma. De seguir así las cosas, no tardaría en llegarme a mí también el turno de «estudiar».

Fue en 2015 cuando empecé a oír por primera vez el eufemismo de «estudio» para hablar de las detenciones de los uigures.

A finales de mayo de ese año estuve en Turpan por asuntos de trabajo. Un día después de mi llegada, un amigo poeta me invitó a cenar. Quedamos en vernos delante del nuevo centro de recursos humanos y servicios sociales, al noreste de la ciudad. Fui en coche.

Apenas unos años antes, esta zona era una estepa pedregosa y desierta. Ahora estaban construyendo apartamentos, oficinas y sedes municipales.

Llegué a la dirección que me había indicado mi amigo. Había dos edificios oficiales separados por un patio amplio. Nos encontramos en la entrada. Las verjas estaban cerradas. Un uigur con uniforme de policía y otro uigur vestido de civil ocupaban la garita de vigilancia.

—Vengo a ver a mi hermano mayor. Solo tengo que darle esto. —Mi amigo señaló una bolsa de plástico que llevaba en la mano. Me pareció que en la bolsa había ropa y productos de higiene—. Tardaré solo un minuto —me dijo—. Espera en el coche.

Habló con el policía de la garita y firmó en el libro de registro. El policía abrió la bolsa, la examinó a conciencia y la apartó para entregarla a su destinatario. Mi amigo y yo nos fuimos en mi coche al restaurante.

Según mi amigo, cuando terminaron de construir estas oficinas en las afueras, antes de que tuvieran tiempo de trasladar la antigua sede del centro de la ciudad ya habían abierto un «centro de estudio» en las nuevas instalaciones. Todos los uigures residentes en cuatro pueblos del distrito de Turpan que hubieran recibido educación religiosa serían enviados al centro para cumplir sesenta días de formación. El Gobierno les ofrecería alojamiento y comida en el recinto. Salvo en circunstancias especiales, no se les permitía salir del centro. El hermano mayor de mi amigo era un amable campesino. Lo encerraron por haber recibido educación religiosa durante una temporada en su juventud.

Le pregunté a mi amigo cómo determinaban las autoridades si los «graduados» de este centro de estudio se habían reformado. Me explicó que los cuadros de los comités de seguridad del distrito vigilaban a los detenidos una vez cumplida su estancia y evaluaban su grado de reforma. Un vecino suyo, después de terminar sus «estudios» en el centro, había ido a un pueblo cercano por ciertos asuntos. El viernes fue a rezar a la mezquita del pueblo. Los cuadros responsables de la mezquita avisaron en el acto al jefe de seguridad del distrito donde vivía este hombre para informar de que había entrado en una mezquita en la que no estaba registrado.

Se lo llevaron a un «centro de estudio» más estricto que el anterior, en el centro de detención del departamento de la policía municipal.

Estos «centros de estudio» de Turpan, habilitados dos años antes, fueron seguramente un experimento para los que ahora estaban construyendo en Kashgar, Jotán y otras zonas del sur a mayor escala. Quizá por eso la gente era optimista y confiaba en que las detenciones pasarían en cuestión de unos meses. Sin embargo, el Gobierno no tardó en dejar claro que esta nueva campaña no iba a ser tan superficial.

A pesar de que las detenciones en masa aún no habían llegado a Urumqi, y de que algunos vaticinaban que allí no pasarían estas cosas, por ser la capital, el campo de internamiento que estaban construyendo en el sur ya afectaba a la vida en la ciudad.

Los primeros en notar el cambio fueron los miles de uigures que emigraron de los pueblos a lo largo de las últimas décadas, encontraron trabajo en Urumqi, formaron familias, compraron viviendas y habían llegado a sentirse naturales de la ciudad. Ahora recibían citaciones de las comisarías de policía de los lugares de origen donde seguían empadronados. En Dawan, nuestro distrito, precintaron las panaderías *naan* en todas las esquinas; cada vez se veían en las calles menos carros de fruteros y las multitudes que animaban el barrio menguaban por momentos.

Por aquel entonces, Marhaba notó que nuestra hija Aséna, normalmente muy alegre, llevaba unos días volviendo del colegio desanimada, iba directa a su habitación y pasaba mucho tiempo allí callada. Pendiente de cualquier cambio en nuestras hijas, Marhaba supo que teníamos que actuar.

Le preguntamos a Aséna qué le pasaba, y nos contó que, desde hacía una semana, varios compañeros de clase desaparecían a diario: los obligaban a regresar con sus padres a los pueblos y ciudades donde seguían empadronados. Entre ellos había varios buenos amigos suyos. Hicimos lo posible por tranquilizarla y le dijimos que seguramente podrían volver cuando la situación mejorase. Sus ojos negros, llenos de lágrimas, nos indicaron que no nos creía.

Una tarde de finales de marzo, alrededor de dos semanas después, un amigo y yo quedamos en una tetería, enfrente de mi casa. No había ningún cliente cuando entramos. El dueño era un joven muy simpático, y yo, como cliente asiduo, lo conocía bien. Nos atendió con su amabilidad de costumbre y se sentó a charlar con nosotros. Poco después entró un uigur de mediana edad y aire triste que fue derecho a una mesa en un rincón. Cuando el dueño lo invitó a acompañarnos, el hombre se acercó con recelo para sumarse al grupo. Se habían conocido esa misma mañana, cuando fue a desayunar.

El dueño de la tetería empezó a contarnos la historia del hombre. Era de Korla y llevaba alrededor de una década en Urumqi. Entretanto había vuelto a casa para casarse con una mujer de su ciudad natal. La pareja se instaló en Urumqi. Tenían tres hijos. Vivían desde hacía tres años en una casa alquilada de dos habitaciones, cerca de la tetería, y el hombre mantenía a su familia con un pequeño negocio de soldadura que tenía en el patio. Una semana antes lo habían llamado de la comisaría de

Korla, donde estaba empadronado, para ordenarle que volviera con su familia inmediatamente. El soldador mandó primero a su familia, con idea de seguirlos en cuanto hubiera resuelto unos asuntos.

Dos días después, cuando iba a casa de un cliente, saltó la alarma de su carnet de identidad al pasar por el escáner de seguridad del edificio. Las fuerzas especiales llegaron del puesto de la Policía Popular de Proximidad más cercano, lo detuvieron y lo llevaron a la comisaría. Allí le informaron de que su carnet de identidad estaba marcado y tenía que ponerse en contacto inmediato con la comisaría de Korla donde estaba empadronado. Cuando llamó a esta comisaría, el agente que lo atendió por teléfono lo amenazó con la mayor grosería y le ordenó que se presentara urgentemente. Le pidió más tiempo y consiguió un aplazamiento de tres días.

Al día siguiente —el anterior a que lo conociéramos—, el comité de distrito ordenó al propietario de la casa donde vivía que lo desahuciara. Las temperaturas eran gélidas y había tenido que alojarse en un hotel barato de los alrededores.

El soldador, que llevaba un rato callado, dijo entonces:

—No me importa por mí, pero tenía algunas herramientas y piezas de hierro. Mi casero también se las llevó de la casa. Le pedí que me las guardara en el patio hasta que volviese de Korla, y no quiso. Nos hemos llevado bien todos estos años, pero parece que eso le da lo mismo.

Por lo visto el casero no creía que su inquilino fuera a volver a Urumqi.

—¿Qué hizo con sus cosas? —le preguntó mi amigo.

El dueño de la tetería se rio al oír la pregunta.

—No encontraba dónde dejarlas —nos dijo el solda-dor—. Estuve dando vueltas hasta que se me ocurrió ir al cementerio de Gülsay. Pedí prestado un carro a un chatarrero amigo mío y, cuando oscureció, llevé mis herramientas y mis hierros al cementerio. Los dejé en un nicho que estaba vacío y volví a cerrarlo. Ahora solo me queda esperar que el propietario del nicho no muera antes de que yo vuelva de Korla.

Nos hizo reír, a pesar de lo tristes que estábamos.

—Lleva usted muchos años viviendo en Urumqi —le dije—. ¿Por qué no se ha empadronado?

—Ah, señor, en la ciudad no lo entienden. Los que venimos de los pueblos tenemos allí un trozo de tierra y una casa. El Gobierno local nos lo requisa si trasladamos el empadronamiento a otro lugar. Además, eso nunca nos había impedido vivir donde quisiéramos. No sabe-mos qué está pasando ahora.

Dijo que se marchaba a Korla al día siguiente. No sabía qué le esperaba allí, en la comisaría.

Pasaron unas semanas y ya casi estábamos en mayo. Las temperaturas en Urumqi eran más suaves.

Un lunes por la mañana, subí al coche para ir a la oficina algo más tarde de lo habitual. Poco después de incorporarme a la avenida de la Unidad, cuando pasaba por delante de la comisaría de Bahuliang, vi que había revuelo en el patio. Aflojé la velocidad y miré por la ventanilla del coche. Más de un centenar de uigures, puede que doscientos, callados y aturdidos, esperaban para subir a dos autobuses bajo la vigilancia de las fuer-zas especiales de la policía, con sus uniformes negros.

Algunos, sentados ya en los autobuses, miraban con nostalgia hacia la calle. Sentí un escalofrío. Las detenciones en masa habían llegado a la ciudad.

A lo largo del mes siguiente, las noticias de las detenciones corrieron de boca en boca. Cada día citaban a cientos de uigures de todos los rincones de la capital a una docena de comisarías y de allí los mandaban «a estudiar». Para entonces ya sabíamos que los «centros de estudio» eran campos de concentración. Los llamaban por teléfono para que se presentaran en el comité o en la comisaría de policía del distrito, les decían simplemente que se iban «a estudiar» y se los llevaban. Poco a poco fui sabiendo de amigos y conocidos a los que se habían llevado.

Una tarde de finales de mayo, cuando iba a la cadena de televisión de Xinjiang para ocuparme de unos asuntos, recibí una llamada de un joven escritor con quien tenía una relación cercana. Acababan de llamarlo para que se presentara en la comisaría y para anunciarle que lo enviaban «a estudiar». Por otro lado, le habían dicho que si un oficial de policía daba fe de él podría evitar el traslado. Estaba llamando a todos sus conocidos para encontrar a un oficial de policía pero de momento no había localizado a ninguno. Me preguntó si podía ayudarlo.

—Solo conozco a los polis que me detuvieron y me interrogaron —dije.

Se quedó callado un momento. Al día siguiente supe que lo habían mandado «a estudiar». Por lo que llegaba a mis oídos, tanto en Urumqi como en Kashgar las detenciones afectaron primero a individuos devotos, gente que había estado en el extranjero y gente que vivía al margen del sistema estatal. Luego los objetivos se fueron ampliando poco a poco. Aun así, el criterio de las autoridades seguía siendo un misterio. Todo el que preguntaba a la policía por el motivo de su detención recibía la misma respuesta: «Su nombre está en la lista que nos han enviado». No teníamos forma de saber si nuestro nombre aparecería en la lista y cuándo. Vivíamos todos con esta incertidumbre atroz.

Charlando un día con varios amigos en la tienda de Almas, salieron a colación las listas. Uno del grupo, que era una especie de genio de la informática, nos dijo que, muy probablemente, era un programa de ordenador específico el que generaba las listas. Y de un tiempo a esta parte se hablaba mucho de la escalofriante base de datos que tenía la policía.

Se decía que a finales del año anterior habían empezado a introducir los datos de todo el mundo en un sistema conocido como Plataforma Integrada de Operaciones Conjuntas. Basándose en estos datos, la policía —y en especial la del distrito— marcaba la ficha de todo ciudadano al que se considerara peligroso. Como los carnets de identidad estaban conectados por internet a la Plataforma Integrada de Operaciones Conjuntas, todo aquel que tuviera una marca en su ficha hacía saltar la alarma cada vez que pasaba el carnet por el escáner de los ubicuos controles policiales y quedaba detenido en el acto. Los uigures llamaban «puntos» a estas marcas. Cuando detenían a alguien porque su ficha estaba marcada, decían que «se lo habían llevado porque tenía un punto». Últimamente, eran cada vez más los que descubrían que también a ellos les habían puesto esos puntos siniestros.

Legalmente, cuando la policía detenía a alguien, las autoridades tenían la obligación de avisar a la familia del detenido. Si, como pasaba a menudo, se incumplía este requisito, la familia se presentaba en la comisaría para averiguar el motivo de la detención y adónde se habían llevado al detenido. En el caso de que lo hubieran acusado de un delito político —y el catálogo de acciones penadas se ampliaba para los uigures de año en año—, la policía no lo reconocía, como es lógico, pero al menos informaba de su paradero. Con el permiso de las autoridades, la familia podía enviar al detenido artículos personales como jabón, toallas, ropa interior y papel higiénico. Incluso podía visitar al prisionero. Sin embargo, a medida que se propagaban las detenciones en masa, quedó claro que las cosas habían cambiado. Era imposible saber a qué «centro de estudio» llevaban a los detenidos. Sencillamente desaparecían.

Dos semanas después de la irrupción de las detenciones en masa, llamaron al marido de una amiga de Marhaba para que se presentara en el comité del distrito y se lo llevaron «a estudiar». Cuando ella fue a buscar a su marido, en el comité le dijeron que preguntara en la comisaría. En la comisaría le dijeron que preguntara en el departamento de policía del distrito. Allí no la dejaron entrar. Se quedó tres días en la puerta junto a otras personas desesperadas que buscaban a sus seres queridos, pero no consiguieron nada. Al tercer día oyó decir que estaban trasladando a muchos detenidos a un gigantesco campo de concentración de Miquang, fuera de Urumqi. A la mañana siguiente, cogió una fotocopia del carnet de identidad de su marido y fue a Miquang en taxi. Había tantas personas allí buscando a sus familiares que la policía les ordenó formar en fila para hacer sus indagaciones. Tuvo que ponerse al final de una cola de cien metros de largo. El campo estaba recién construido en mitad de un solar vacío, sin una sola sombra. Esperó cerca de diez horas bajo un sol abrasador y ya caía la tarde cuando le tocó el turno. El policía que atendía a los familiares introdujo el nombre de su marido en el ordenador. Le dijo que no estaba allí.

Esa noche, la mujer publicó en su círculo de amigos de WeChat una foto de la gente que esperaba a las puertas del campo. El pie de foto decía: «He venido hoy con la esperanza de que estuvieras aquí y he tenido que esperar todo el día, pero no te he encontrado. Tu querida hija no para de mirar hacia la puerta con impaciencia. Tu valiente hijo me seca las lágrimas y me consuela. Te echamos de menos. ¿Dónde estarás?».

Desde que comenzaron las detenciones en masa, cada vez que pasaba en el coche por delante de aquella comisaría me fijaba invariablemente en ella. Como no podía ir demasiado despacio, por miedo a llamar la atención, solo alcanzaba a ver unos segundos a los uigures concentrados en el patio antes de que se los llevaran «a estudiar». Tenía muchas ganas de observar atentamente, por si había entre ellos algún conocido, pero no me atrevía a bajar la ventanilla. Aunque para entonces llevaban más de un mes deteniendo a la gente en Urumqi, todos mis familiares cercanos se habían librado de momento. Hasta ese momento, mi única experiencia directa de las detenciones seguían siendo estas miradas cautas desde la ventanilla del coche.

La vida seguía su curso a pesar del peligro. Un día, a la hora de comer, salí del patio de nuestro bloque para comprar *naan*. Como las panaderías del barrio habían cerrado, teníamos que pagar algo más por el pan en alguna de las tiendas de comestibles de los uigures. Entré en una tienda a la que iba a menudo y oí a dos jóvenes uigures charlando mientras pagaban.

—Ah, sí, ¿estuvisteis ayer en el corral?

—Estuvimos.

—¿Y cómo estaban las ovejas?

—Nos miraban con aire indefenso. Sacamos a tres y les hicimos balar un poco antes de volver a meterlas.

Hablaron un momento con el dueño de la tienda, como buenos amigos, y se marcharon.

—¿Quiénes eran? —le pregunté al dueño—. ¿De qué estaban hablando?

—Son oficiales de policía —contestó como si tal cosa—. Hablaban de la gente que está en los centros de estudio.

Es decir, estos policías uigures llamaban ovejas a los detenidos y corrales a los campos de prisioneros. Atormentar a esos pobres desgraciados se había convertido en un juego para ellos. Se me hizo un nudo en el estómago.

Cumplido algo más de un mes desde el arranque de las detenciones en Urumqi, los uigures con ciertos medios y posición empezaron a pensar que la «tormenta» pasaría sin rozarlos. Las personas como ellas podían sobrevivir a estas campañas del Estado gracias a su dinero y sus contactos. Sin embargo, últimamente se acumulaban las noticias de personas relevantes, incluso funcionarios del Gobierno, a quienes se habían llevado de casa a medianoche. A algunos los detenían en la calle. Salían a trabajar por la mañana y nunca más volvían.

Los uigures únicamente podían confiar en que esta aterradora política del «estudio» concluyera después del XIX.º Congreso del Partido Comunista, en el mes de octubre. Los congresos del Partido siempre iban acompañados de un refuerzo de las medidas de seguridad en todo el país, especialmente en la región uigur.

El hermano menor de un amigo mío era técnico de la cadena de televisión pública. Según mi amigo, la policía se presentó en su casa pasada la medianoche y se lo llevó. Nadie sabía dónde estaba. Era un técnico muy competente, imprescindible para el equipo. Su familia rogó a los directivos de la cadena que preguntaran por él a la policía. Los directivos se negaron, con el argumento de que la situación era muy delicada y no podían involucrarse en esos asuntos.

Si incluso a empleados de organismos tan importantes como la televisión gubernamental les ocurría esto, ningún uigur estaría a salvo. Quienes pensaban que la tormenta no llegaría a rozarlos vieron entonces que su confianza se tambaleaba. Empezaron a pensar en un antiguo proverbio uigur: Ningún muro detiene la tormenta.

7. La llave

Un lunes por la mañana, Aséna y Almila se fueron al colegio después de desayunar deprisa y corriendo. Con todo lo que estaba pasando, yo tenía la cabeza llena de preocupaciones y desgracias. Me tumbé en mi sitio del sofá a mirar lo que publicaban mis amigos en WeChat, pero no era capaz de concentrarme en nada. Decidí escuchar un poco de *muqam*, las doce suites fundamentales de la música clásica uigur. Escogí mi favorita, el Özhal, atento a las palabras que flotaban entre los tristes remolinos del laúd.

El valle de la locura abrazará muy pronto esta alma mía dolorida, dejará que esta vida arrasada que llevo se arrase de una vez, definitivamente.

Ah, azar perverso que con tu cruel abrazo me has reducido a polvo,
no permitas que nadie encuentre nada de valor en el polvo de mi decadencia.

No preguntes adónde me dirijo, porque la decisión

no está ya en mis manos.

Al azar le confío las riendas de la vida, y el camino que tome es cosa suya.

Estaba sumido en el profundo dolor de estas viejas palabras cuando el timbre de mi teléfono me devolvió al siglo XXI. Era Wang Bo, un funcionario han de un comité de distrito. Este comité tenía jurisdicción sobre el edificio donde se encontraba la oficina de nuestra empresa, y Wang era nuestro cuadro.

Según la constitución china, el comité del distrito (también llamado comité de residentes) era un órgano autónomo popular de Gobierno, a través del cual los ciudadanos se administraban, se formaban y se prestaban servicio a sí mismos; su director, subdirector y miembros del comité eran elegidos entre los residentes. En realidad, yo nunca había tenido noticia de que se celebraran elecciones abiertas en el distrito para la composición del comité. Dado que todos esos comités contaban con una sección local del Partido Comunista, la ciudadanía los percibía como simples órganos administrativos del Partido en los distritos de las ciudades.

A lo largo de los tres últimos años, el poder de los comités en la región uigur se había fortalecido. Mientras que antes ocupaban oficinas de mala muerte, con tres o cuatro empleados, su plantilla ascendía ahora a treinta o cuarenta personas. En cada comité había un despacho para el agente de policía del distrito, que se pasaba el día corriendo entre la comisaría y el comité.

Los empleados de los comités eran responsables de los residentes, las tiendas y las oficinas de su zona. Bajo la dirección de sus superiores, vigilaban a los vecinos y los establecimientos, y presentaban sus informes a los jefes de comité y a la policía del distrito. Se centraban principalmente en aquellos que vivían de alquiler o no tenían un trabajo estable, así como en los uigures más devotos, los que rezaban cinco veces al día y llevaban barba o velo. La creencia general era que estos informes remitidos a las altas esferas de la cadena de mando guardaban relación con las detenciones en masa.

Los lunes y los miércoles, Wang Bo venía a inspeccionar nuestra oficina. Terminada la inspección, escaneaba el código QR que había en la pared al lado de la puerta. Ese código contenía información que identificaba a cada trabajador de la empresa.

Como nuestra compañía hacía producciones de películas, televisión y publicidad, mucha gente pasaba por la oficina. Si por casualidad se encontraba en la oficina alguien que no formaba parte de la plantilla en el momento de la inspección, todos tenían que decir quiénes eran y a qué habían ido, para que Wang Bo tomara debida nota. Nos habíamos acostumbrado poco a poco a las inspecciones y nadie les daba demasiada importancia.

Ese lunes por la mañana, Wang Bo me llamó para comunicarme que la oficina estaba cerrada y me estaba esperando en la entrada del edificio. Me pidió amablemente que fuese lo antes posible para abrirle.

Bajé a la calle y arranqué el coche. En nuestro bloque de apartamentos había veintiséis edificios y dos puertas de acceso, una para los peatones y otra para los vehículos. La puerta de peatones estaba cerrada desde el otoño pasado y los vecinos tenían que escanear el carnet de identidad en el torno de la garita de vigilancia para entrar. Los vigilantes custodiaban la entrada día y noche. Todo no residente que quisiera acceder al recinto tenía que dejar el carnet de identidad en la garita. Los residentes con vehículos entraban con una tarjeta electrónica; los vehículos de los no residentes tenían que registrarse antes de entrar. Además, registraban el maletero de todos los vehículos a su entrada. Acerqué la tarjeta electrónica al escáner y salí a la calle.

En el cruce de enfrente habían instalado un puesto de la Policía Popular de Proximidad meses antes. Desde el mes de octubre anterior se habían levantado edificios de dos plantas idénticos a este en todas las calles de Urumqi, cada doscientos metros. En la primera planta de cada puesto de policía trabajaban varios agentes en turnos sucesivos. Facilitaban a los transeúntes productos básicos como linternas, kits de costura, bombas de bicicleta, paraguas, botellas de agua, mantas, barras de pan o cargadores de móvil, dispuesto todo ello con suma pulcritud, como en exposición. También había silbatos, porras de madera, porras de goma, picas eléctricas, esposas, escudos y otros artículos de seguridad. En la segunda planta de cada puesto, quince o veinte agentes armados de las fuerzas especiales esperaban órdenes. Delante de cada puesto había un furgón policial preparado para intervenir, las veinticuatro horas.

Yo me fijaba mucho en estos puestos construidos con el pretexto de ofrecer «servicios de proximidad al pueblo». Una vez, fingiendo que iba a preguntar una dirección, llegué a entrar en uno para echar un vistazo. Nunca supe de nadie que entrase de verdad para pedir ayuda. Todos sabían que eran parte del gigantesco sistema de control y represión contra los uigures. Cuando pasaban por delante de un puesto, hacían como si no lo vieran y lo evitaban en la medida de lo posible. Lo cierto es que empezábamos a acostumbrarnos a estos puestos, viendo que no había forma de escapar de la vigilancia omnipresente. Ese día me fijé en el puesto cuando salí en el coche.

Al pasar por delante de la comisaría de Bahuliang, en la avenida de la Unidad, eché un vistazo al patio. Vi a dos policías hablando con unos diez uigures en la entrada. Supuse que les estarían comunicando que los mandaban «a estudiar». De todos modos, el ritmo de las detenciones en masa había disminuido levemente al cabo de un mes de crecimiento imparable. Poco después veríamos que solo era una tregua pasajera.

En la parada de la línea 10 del autobús que había delante de la fábrica de porcelana, varios agentes de las fuerzas especiales habían parado en la acera a dos jóvenes uigures y estaban examinando sus teléfonos. Este tipo de situaciones eran rutinarias desde los disturbios violentos de 2009.

El otoño anterior, yendo en el coche por la calle de la Prosperidad, me equivoqué en un giro. Unos agentes de tráfico salieron de un lado de la calle, me cerraron el paso y me hicieron bajar del coche. Un agente me pidió el permiso de conducir. Se lo entregué y le pregunté qué había hecho mal. Se fue al coche patrulla, sin contestarme.

Lo seguí, repitiendo la pregunta. Debí de levantar la voz sin darme cuenta porque, en un abrir y cerrar de ojos, cuatro agentes han de las fuerzas especiales que andaban patrullando por la calle se acercaron corriendo y preguntaron bruscamente qué pasaba. Se lo expliqué, pero no tenían intención de escucharme. El sargento de la patrulla me interrumpió. «¡Deme su teléfono!» Se lo di. «¡Desbloquéelo!» Lo desbloqueé. Sacó un escáner del bolsillo. A un lado del dispositivo había cinco cables para iPhone, Android y otros tipos de móviles desconocidos para mí. Enchufó mi iPhone al dispositivo, pulsó un icono en la pantalla y empezó a escanear.

En el sur de la región uigur, la policía llevaba varios años registrando los teléfonos móviles y deteniendo a la gente por lo que encontraba en ellos, pero esta práctica no había llegado a Urumqi hasta el otoño anterior. Desde entonces todos nos habíamos vuelto muy cautos. Te podían detener por descargar apps «ilegales» como Zapya, una herramienta para compartir archivos, o por guardar material «clandestino» en el teléfono: versículos del Corán, imágenes relacionadas con el islam o el nacionalismo uigur, incluso canciones prohibidas por el Gobierno. Era dificilísimo saber lo que estaba prohibido; este tipo de asuntos se regían no solo por la ley sino por las políticas, y estas cambiaban continuamente. El uso de los *smartphones* era muy reciente en la región, y muchas personas con escaso conocimiento de estos dispositivos acabaron detenidas por tener en el teléfono materiales que ellas ni siquiera sabían que estuvieran ahí.

Como tantos otros, cuando la situación empeoró estuve varias horas «limpiando» el teléfono, lo mismo que había limpiado el ordenador tres años antes. Borré fotos, vídeos, audios y todas las conversaciones de QQ y WeChat. Me deshice de todo lo que la policía pudiera utilizar como «prueba», una categoría que abarcaba cualquier asunto relacionado con el islam o el pueblo uigur. En mi teléfono solo quedaban cosas de lo más mundanas. Aunque sabía que no encontrarían nada que pudieran utilizar como un pretexto razonable, me puse algo nervioso mientras el sargento escaneaba mi teléfono. Era muy posible que cualquier pretexto sirviera a la policía para detenerme, incluso que no necesitara ninguno.

El sargento terminó por fin de escanear mi teléfono. Por lo visto no había encontrado material clandestino: me miró desconcertado y dudó unos momentos con el ceño fruncido. Volvió a escanear, apartando los ojos de mí. Esperé, recitando interiormente un poema que había escrito el año anterior.

Paciencia

Observan
el sol, a la tierra
el rayo, a un árbol,
el tigre, a una gacela
la noche, al día
el tiempo, a un río
Dios, al hombre
el arma, a un torso
Esto es la paciencia,
invencible, implacable, eterna

Tampoco detectó esta segunda vez el escáner materiales prohibidos. Nunca olvidaré la cara de decepción del sargento cuando por fin me devolvió el teléfono.

Me acordé de todo esto mientras conducía. Nuestra oficina estaba en un antiguo bloque de seis plantas de la avenida de la Unidad, cerca de Döngköwrük y del Gran Bazar, en la zona uigur del casco histórico. Anteriormente el edificio había sido la sede de la Compañía de Distribución Cinematográfica de la Región Autónoma. Ahora alquilaban espacios a empresas privadas de publicidad, televisión, cine y medios de comunicación uigures. Varios famosos artistas uigures también tenían oficinas allí.

Wang Bo supervisaba las maniobras antiterroristas en el edificio. Cuando daba la orden, los agentes de seguridad apostados en la entrada tocaban el silbato, y los dueños y directivos de todas las empresas bajábamos corriendo por las escaleras. En tres minutos habíamos formado en la plaza, delante del edificio. Wang Bo iba leyendo en chino nuestros nombres, anotados en una lista, para asegurarse de que no faltaba nadie. A veces, por orden de Wang Bo, formábamos en columnas, al estilo militar, y desfilábamos por el patio del pabellón de electrónica vecino, donde nos reuníamos con los empleados de este edificio para formar una poderosa Línea de Defensa contra la Violencia Terrorista. Mientras íbamos corriendo de un patio a otro veíamos sentimientos encontrados reflejados en las caras de la gente que pasaba por la calle.

En realidad, estos simulacros no eran gran cosa. Los cuadros los consideraban un éxito cuando todas las personas de los dos edificios acudían a la llamada con gesto serio y actitud alerta. Su única finalidad, al parecer, era tenernos en un continuo estado de miedo y tensión.

Las autoridades de instancias superiores venían con regularidad a observar las operaciones, que cobraban entonces un tono más urgente y riguroso. Si alguien no colaboraba, o si participaba con desgana, se notificaba a la policía del distrito. En una época en la que todos los empleados del edificio necesitaban recurrir a menudo a la policía, nadie podía tomarse a la ligera ninguna actividad organizada por el comité del distrito.

Era cuestión de tiempo, si seguían obligando a la gente a participar en estos ejercicios, que todos empezaran a sentirse policías y se aficionaran a vigilarse y delatarse mutuamente. Estarían siempre en disposición de enfrentarse a enemigos indefinidos y al mismo tiempo, sentirían a menudo que ellos mismos eran el enemigo. Desde el comienzo de las detenciones en masa en Urumqi, a finales de abril, el edificio se fue quedando vacío y las maniobras se interrumpieron.

A pesar de que ya casi no había nadie en el edificio, las estrictas medidas de seguridad seguían vigentes. A finales del año anterior habían instalado detectores de metal en todos los edificios de la ciudad, incluso en los aseos públicos. El nuestro no fue una excepción, y en la entrada había un escáner. Lo vigilaban dos guardias uigures.

Me reuní con Wang Bo delante el edificio y entramos juntos. Wang cruzó el escáner con toda confianza, como quien entra por la puerta de su casa. Aunque no podía evitar sentir malestar cuando pasaba por este dispositivo, la mirada impasible de los guardias me hacía pensar si de verdad funcionaría. Que yo supiera, el escáner no había detectado un solo artículo peligroso en el medio año transcurrido desde su instalación. Su verdadera función era intimidarnos.

La oficina de nuestra empresa estaba en la quinta planta. Le abrí la puerta a Wang Bo. Entró, sacó el teléfono y escaneó el código QR de la pared, como tantas otras veces. Luego, como tenía por costumbre, pasó a echar un vistazo. Era un local grande, con tres salas principales. Wang Bo, siempre tan estricto en interrogar a cualquier desconocido que apareciera por la oficina, no dio muestra de sorpresa al ver que ninguna de las personas incluidas en su lista, ninguna de las personas a las que había estado vigilando seguía allí.

El trabajo de la empresa llevaba un mes parado: nuestro contrato con la cadena de televisión pública había vencido; los preparativos para la producción cinematográfica se habían cancelado; los proyectos publicitarios ya listos para su rodaje se habían abandonado. Todo esto había ocurrido de la noche a la mañana. Varios empleados recibieron la orden de volver a su lugar de origen, donde seguían empadronados; otros se quedaron en Urumqi sin saber qué hacer. Con la actividad en punto muerto, no podía conservar los empleos y pagar los salarios. Wang Bo lo sabía, pero seguía yendo a la oficina dos veces por semana para hacer su inspección.

—Wang Bo —le dije—. Sabe usted tan bien como yo que esta empresa ya no tiene proyectos ni empleados. Hasta yo me quedaré en casa a partir de ahora. ¿Qué podemos hacer?

—Lo sé, lo sé —respondió amablemente—. Pero usted también sabe que tengo que hacer mi trabajo.

—¿Qué le parece esto? —propuse con decisión—. Quédese con la llave. Así puede venir a inspeccionar la oficina cuando quiera.

La propuesta le pilló por sorpresa, y noté que pensaba que me estaba burlando de él. Al instante, añadí:

—No se lo piense mucho. Será más cómodo para los dos. Además, aquí no queda nada de lo que preocuparse. Me he llevado todo el equipo importante al almacén de mi hermano.

Wang Bo vio que se lo decía con sinceridad.

—Muy bien. Así lo haremos.

Le di una llave de la oficina. Así tenía una carga menos.

Cuando bajaba por las escaleras, me vino a la cabeza un lema popular de la década de 1970. «Todo lo nuestro es del Partido.» Desde ese día, mi oficina era del Partido.

8. El sótano de la comisaría

Nuestras hijas nos dijeron que querían ir a Turpan a coger moras el fin de semana. Turpan es famoso por su clima templado y sus viñedos. En primavera, el lugar atrae a los turistas por sus albaricoques y sus moras. Estábamos a finales de mayo y ya quedaba poco para que terminase la temporada de las moras. A Aséna y Almila les encantaba cogerlas de las ramas y comérselas directamente. A veces se subían a las moreras.

Marhaba y yo no dudamos en hacer el viaje. En Urumqi seguía soplando un viento frío; nos sentaría bien disfrutar de un par de días de primavera en Turpan, donde la temperatura era más suave. El sábado por la mañana subimos al coche y nos pusimos en camino.

En estas excursiones, para entretenernos, Marhaba y yo hablábamos de los amigos, la familia y los viajes. Los acontecimientos de las últimas semanas hicieron, sin embargo, que ese día la conversación se desviara inevitablemente hacia la situación policial. Como estos diálogos acababan generalmente en un bucle, se habían convertido en un ejercicio desagradable.

En el camino de Turpan, volvimos a discutir si debíamos salir del país. Yo insistía en que la situación podía empeorar, pero Marhaba seguía reacia a marcharse al extranjero.

—No puede ser para tanto —decía—. Dios nos ayudará. No hemos hecho nada para que nos detengan.

No es fácil dejar tu país con más de cuarenta años y empezar de nuevo en un lugar extraño. Nos iba muy bien en Urumqi. Habíamos montado nuestra propia empresa, por pequeña que fuese. En los dieciséis años que llevábamos casados nos habíamos enfrentado a todo tipo de retos. Habíamos comprado una casa, criado a dos hijas.

En realidad, llevábamos poco tiempo viviendo con estabilidad y holgura. Además, a Marhaba le encantaba nuestro modo de vida tradicional y no tenía ningunas ganas de separarse de su familia y sus amigos.

A mí, como poeta, también se me hacía difícil la idea de dejar atrás a mis lectores, vivir en el extranjero y aprender un idioma nuevo. La diáspora uigur era relativamente pequeña, como pequeño sería el número de lectores que encontrarían las obras escritas desde esta diáspora. El Gobierno chino había prohibido hacía algún tiempo la importación de libros uigures publicados en el exterior; los controles ahora serían aún más estrictos.

Durante mi segundo año de universidad en Pekín, me matriculé en un curso de inglés que duraba dos semestres. El comienzo del segundo semestre coincidió con la movilización estudiantil de Tiananmén, y todos dejamos de ir a clase para participar en las protestas. Mi conocimiento del inglés seguía en el nivel del primer semestre. Aunque más adelante quise retomarlo varias veces y aprender el idioma en serio, siempre surgía algo y mis planes nunca llegaban a dar fruto, quizá porque en realidad no lo necesitaba. Si me iba al extranjero, el idioma ahora sería mi mayor obstáculo. Lo aprendería por necesidad, claro, pero ya me acercaba a los cincuenta y la idea de aprender otro idioma con la suficiente fluidez para escribir se me antojaba una fantasía.

A pesar de que Marhaba y yo nunca lo habíamos dicho abiertamente, los dos sabíamos que, si nos marchábamos, quizá nunca podríamos volver. La inquietud y la incertidumbre acechaban estas conversaciones.

Nuestras hijas, cansadas de oírnos, se habían quedado dormidas en el asiento trasero. A los pies de los montes Celestiales, a nuestra derecha, el lago de Sal brillaba como un espejo gigantesco tirado en el desierto.

A partir de Dabancheng la carretera subía por las montañas. Sonó mi teléfono por los altavoces del coche. Era un número desconocido. Esos días todo el mundo temía los números desconocidos.

Contesté.

—¿Hola?

—Hola. ¿Es usted Tahir Hamut, *aka?* —La joven que llamaba se dirigía a mí con respeto.

—Sí, soy yo.

—Soy Güljan, del comité del distrito.

—Ah, ¿cómo está?

—Estoy bien, *aka.* ¿Su mujer se llama Marhaba Sabir?

—Eso es.

—*Aka,* llamo para informarle de que en la comisaría están tomando las huellas dactilares a todas las personas que hayan estado en el extranjero. ¿Podrían pasar por la comisaría, por favor?

—Ahora mismo vamos camino de Turpan. Volveremos mañana, *singlim* —dije, empleando el tratamiento cariñoso y amable de «hermana menor», según la costumbre uigur.

—Bueno, en ese caso, por favor vengan el lunes.

—Muy bien. Pasaremos el lunes a las ocho de la mañana, cuando abran.

—Por la mañana habrá mucha gente. ¿Por qué no vienen a las dos de la tarde?

—De acuerdo. ¿Trabajan también los fines de semana?

—Sí, llevamos algún tiempo trabajando los fines de semana.

—Muy bien. Adiós, entonces.

—Adiós.

Güljan, una uigur de alrededor de veinticinco años, llevaba poco tiempo trabajando en el comité del distrito al que correspondía nuestro domicilio. Era la responsable de vigilar nuestro bloque de apartamentos, como lo era Wang Bo de nuestras oficinas. Venía a casa de inspección dos veces por semana. Siempre preguntaba en primer lugar si nuestra familia tenía algún problema, luego si habíamos tenido invitados recientemente, si teníamos más hijos de los que permitía la cuota estatal y si alguien de la familia rezaba a diario. Anotaba las respuestas en un cuaderno y lo observaba todo con discreción. Era imposible ocultarle nada.

La tratábamos con respeto. Marhaba, siempre sociable, se interesaba por ella en todas sus visitas. Güljan había terminado sus estudios en la universidad tres años antes, en 2014, pero no conseguía encontrar trabajo de su especialidad. Su caso no era extraordinario. Con el aumento de la discriminación y los recelos hacia la población uigur, muchos jóvenes con título universitario se vieron excluidos de los puestos acordes con su formación. Aunque la posición de Güljan en el comité del distrito era exigente y su salario exiguo, si trabajaba mucho y aprobaba los exámenes para la Administración del Estado sería funcionaria. Era su mayor deseo.

La veíamos a veces, con una carpeta azul debajo del brazo, esperando a alguien delante del edificio, o entrando y saliendo de otros apartamentos. También nos encontrábamos con ella de noche en los alrededores. «La situación tampoco es fácil para esta pobre gente», decía Marhaba. Animados por el Gobierno, muchos jóvenes como Güljan trabajaban en los comités de distrito.

En la puerta de los edificios residenciales se colocaban las fotos y los datos de contacto de los agentes de policía del distrito y los cuadros del comité responsables de cada familia, con el recordatorio de que podíamos llamarlos a cualquier hora «si teníamos alguna información que facilitar». Era una invitación poco sutil a que los vecinos se vigilaran y denunciaran unos a otros. Cada vez que entraba en el portal, veía las fotos de nuestro agente de policía y nuestro cuadro del comité. Tenía la sensación de que me decían: «Estamos vigilando siempre».

Salimos de las montañas y nos acercamos al puesto de control policial de Parche Saqal.

Avanzamos por el carril correspondiente hasta el puesto de control. Marhaba bajó del coche y se acercó al edificio para escanear el carnet de identidad. Las niñas y yo nos quedamos en el coche. Los agentes de las fuerzas especiales dejaron pasar al coche que estaba delante sin registrarlo. Supuse que el conductor sería de etnia han.

Avancé unos centímetros, bajé las ventanillas como era obligado y paré el coche al lado del agente. Con gesto altivo, se ajustó la ametralladora que llevaba colgada al hombro y cogió mi carnet de identidad. Me miró, para compararme con la foto del documento, y me preguntó en chino adónde iba y para qué. Se lo dije. Se asomó para examinar el coche, donde mis hijas ahora estaban despiertas. Luego señaló el maletero, me ordenó que bajara y lo abriera, y procedió a registrarlo. Por fin me devolvió el carnet y nos dejó continuar.

Aparqué en un descampado grande, al lado del puesto de control, y esperé a Marhaba. Tardó unos diez minutos en salir del edificio. «Estoy harta de estas estupideces», murmuró mientras entraba en el coche.

Pasamos el fin de semana en Turpan llenos de preocupación. Por más que intentábamos disfrutar, no podíamos quitarnos de la cabeza que el lunes teníamos que presentarnos en la comisaría.

—No quieren nada más que nuestras huellas dactilares, ¿verdad? —dijo Marhaba.

—No creo.

—Si quisieran algo más nos habrían dicho que lo dejáramos todo y volviéramos inmediatamente. —Ese «algo más» de Marhaba significaba mandarnos «a estudiar».

Volvimos a Urumqi el domingo por la noche. El lunes, un poco antes de las dos, fuimos a la comisaría. Estaba cerrada. El centinela uigur de mediana edad que estaba en la garita nos preguntó qué queríamos y registró en un cuaderno mi nombre, etnia y el número del carnet de identidad, y también el número de personas que venían conmigo. Luego abrió la puerta automática de acceso al patio.

Cuando entramos en la comisaría, un joven policía han, sentado a una mesa en el vestíbulo, nos preguntó a qué íbamos. Anotó mi nombre, etnia y carnet de identidad en el libro de registro, y también el número de personas que venían conmigo.

—Bajen al sótano —nos indicó, señalando hacia la puerta de las escaleras. Se me heló la sangre.

Tres años antes, en 2014, había estado en la misma comisaría para tramitar el pasaporte de Marhaba y de nuestras hijas. Después de repasar los archivos digitales de toda la familia, el agente de policía decidió que las tres eran aptas para expedir los pasaportes. La solicitud de pasaporte tenía que firmarla a continuación el subcomisario responsable de la seguridad nacional. El subcomisario en cuestión era un kazajo que se llamaba Erbol.

En ese mismo vestíbulo, yo había preguntado al policía de turno dónde podía encontrar a Erbol. El agente, de etnia han, me dijo que esperase allí: Erbol estaba ocupado en ese momento interrogando a alguien en el sótano.

Me senté a esperar en el banco de hierro del pasillo. Al cabo de un rato, oí los gritos desgarradores de un hombre que llegaban desde el sótano. Me pareció la voz de un uigur de mediana edad. Me estremecí. El policía de turno se levantó corriendo y fue a cerrar la puerta metálica de las escaleras del sótano. Normalmente, las escaleras no tenían puertas de este tipo. Era evidente que en esta comisaría habían convertido el sótano en una sala de interrogatorios.

Erbol subió del sótano pasada media hora. Me levanté del banco, le expliqué la situación y le entregué la declaración del agente de policía del distrito junto con los formularios de solicitud de pasaporte. Nervioso y cansado, se puso el cigarrillo entre los labios para sujetar los formularios con una mano mientras los firmaba con la otra. Le temblaba la mano al escribir.

Ese lunes, Marhaba y yo pasamos por la puerta metálica y bajamos al sótano. La escalera daba a un pasillo de unos veinte metros de largo. A la izquierda había tres celdas, separadas del pasillo por una verja metálica.

En la primera celda había un asiento de hierro conocido como «silla de tigre» que se empleaba para interrogar y torturar a los detenidos. La barra de hierro que inmovilizaba el pecho del detenido al asiento estaba abierta, y los grilletes de hierro para asegurar las manos y los pies colgaban a los lados. Daba la impresión de que el asiento esperaba al próximo desgraciado. A lo largo de las paredes había anillas de hierro ancladas al suelo de hormigón; supuse que serían para encadenar a la gente. En el centro del suelo había restos de sangre. Las celdas estaban vacías, con las puertas abiertas.

A la derecha había cinco despachos, todos ellos con una ventana grande que daba al pasillo. Cuando entramos en el sótano, dos parejas como nosotros estaban esperando su turno. En poco tiempo había otras veinte parejas detrás de nosotros. Casi todos eran uigures de mediana edad y aspecto relativamente acomodado. Su expresión delataba su desconcierto y su preocupación.

Seguimos la cola hasta el segundo despacho, donde vimos a Güljan detrás de una mesa. Nos hizo firmar un registro. Cuando nos llamó por teléfono, el sábado anterior, nos dijo que querían tomarnos las huellas dactilares. Ahora nos explicó que además de las huellas dactilares nos tomarían muestras de sangre, de voz y de rasgos faciales. Marhaba me miró con angustia al oír esto.

—Que nos tomen todo lo que quieran —le susurré—. Lo importante es que salgamos de aquí sanos y salvos.

En este despacho, una joven uigur, probablemente del comité del distrito, y un joven policía uigur nos tomaron las muestras de sangre. Cuando les pregunté por qué no se encargaba una enfermera, el policía contestó con indiferencia: «¿Para qué? ¡Esto es muy sencillo!». La joven nos tomó con torpeza una muestra de sangre del dedo índice.

Fuimos por el pasillo hasta el primer despacho, donde unos agentes de policía nos tomarían muestras de voz, registrarían las huellas dactilares y nos harían un escáner facial.

Cogí un ejemplar del *Diario de la Tarde de Urumqi* que estaba encima de una mesa y me acerqué al micrófono. Leí un artículo, adoptando deliberadamente el tono de un locutor profesional, con el acento más formal de mi idioma. Pensé que de este modo les resultaría algo más difícil identificar mi muestra de voz. Nunca hablaba así en mi vida cotidiana. Al cabo de dos minutos, la técnica que se ocupaba de la grabación me indicó con un gesto que parase. Me sonrió con aire satisfecho, como dando a entender: «Ha leído de maravilla», y guardó el archivo.

Lo siguiente eran las huellas dactilares. Siguiendo las indicaciones de la misma mujer, coloqué las dos manos, sucesivamente, sobre un escáner, con los dedos abiertos. Luego tuve que apoyar los dedos en el escáner, uno a uno, para que todas las huellas se grabaran bien. Si el escaneo no cumplía los requisitos del programa informático, el sistema lo rechazaría y habría que pasar de nuevo el dedo correspondiente. Escanear los diez dedos según estos criterios no era sencillo. En algunos casos, tuve que repetir el procedimiento multitud de veces.

Me habían tomado las huellas en varias ocasiones a lo largo de mi vida, pero nunca había visto ni oído de un proceso tan exhaustivo como el que me obligaron a soportar ese día. Aunque era de lo más tedioso, al terminar vi que, con mi perfeccionismo de costumbre, había conseguido que el escaneo saliera bien.

A continuación venía el escáner facial. Un policía han me acompañó a una silla colocada delante de una cámara. Ajustó el trípode hasta poner la lente a la altura de mi cara.

Yo llevaba dieciocho años dirigiendo cine y había visto y manejado cámaras de todas las formas y tamaños. Poco después de los incidentes violentos de 2009 en Urumqi, se instalaron cámaras de vigilancia en cada esquina de la ciudad, y desde entonces las había visto de todas clases. Pero esta cámara no se parecía a ninguna. Tenía, de lado a lado, una lente plana de unos tres centímetros de alto y veinte de largo.

La mujer que manejaba el ordenador me explicó lo que tenía que hacer. A su señal, miraría directamente a la cámara dos segundos, luego movería la cabeza despacio y sin interrupción hacia la derecha. Esperaría dos segundos en esta posición y volvería luego a la misma velocidad para mirar a la cámara otros dos segundos, antes de repetir el movimiento hacia la izquierda. A la misma velocidad, despacio y sin interrupción, echaría entonces la cabeza hacia atrás y miraría hacia arriba dos segundos; luego bajaría la cabeza y miraría directamente a la cámara dos segundos; a continuación agacharía la cabeza y repetiría el mismo movimiento. Después, miraría directamente a la cámara, despacio, abriría la boca al máximo y aguantaría dos segundos en esa posición. Por último cerraría la boca y miraría directamente a la cámara otros dos segundos: mi escáner facial habría terminado. Había que hacer todos estos movimientos en el orden indicado, en una única secuencia, sin interrupciones. Si algún movimiento no cumplía los requisitos, el programa emitiría una señal y dejaría de funcionar, en cuyo caso tendría que empezar de nuevo desde el principio. Completé la secuencia con éxito al tercer intento.

En el ambiente de miedo que reinaba en el sótano de la comisaría, uno se olvidaba de lo absurdos y cómicos que eran estos movimientos. Quien tuviera que pasar por allí solo podía pensar en acabar cuanto antes y marcharse.

Marhaba, que se sometió al escáner facial después de mí, tuvo dificultades con el procedimiento. Por más que lo intentaba, no era capaz de ejecutar los movimientos a la velocidad exacta. Los hacía primero demasiado deprisa y luego demasiado despacio. Se puso colorada de rabia y de rencor. Yo estaba a su lado, animándola. Me sudaban las palmas de las manos de la tensión.

La secuencia del escáner facial de los hombres y las mujeres difería solo en un detalle. Mientras que a los hombres nos pedían que abriésemos la boca al máximo al final de la secuencia, las mujeres tenían que cerrarla, apretar e hinchar las mejillas. Me pregunté cuál podía ser el motivo de esta diferencia, pero sigo sin saber explicármelo.

Marhaba consiguió completar la secuencia al sexto intento. Nos sentimos felices como niños. Por fin habíamos terminado.

Volvimos al otro despacho y le dijimos a Güljan que habíamos terminado el procedimiento. Luego nos abrimos paso hacia las escaleras entre la hilera de gente cansada que esperaba su turno.

Cuando subíamos del sótano le susurré a Marhaba, medio en broma: «Ahora las cámaras de vigilancia podrán reconocernos incluso de espaldas».

Eran más de las cinco cuando salimos de la comisaría.

—Tenemos que irnos del país —dijo Marhaba tajantemente.

Tu destino desconocido

Aquí los nombres de la gente no eran contagiosos:
dijimos que sí, y llegaron a serlo.
No había aquí tierra en la que brotaran raíces:
dijimos que sí, y llegó a haberla.
Aquí el tiempo no goteaba en las paredes:
dijimos que sí, y llegó a gotear.
Aquí la soledad no se multiplicaba:
dijimos que sí, y llegó a multiplicarse.
Aquí no había mil ojos salpicando los cielos:
dijimos que sí, y llegó a haberlos.
Aquí no había olvidos fugitivos:
dijimos que sí, y llegó a haberlos.

Pero nuestras palabras aquí no deshacían nada,
ni siquiera las cosas que habíamos creado.

9. Pasaportes

Nunca se nos había pasado por la cabeza irnos al extranjero.

Habían pasado doce años y yo aún tenía abierta la herida de mi último intento de salir del país. Mis planes frustrados entonces dieron paso a la etapa más difícil de mi vida. Desde mi detención en la frontera y los tres años que estuve en prisión, había dejado de pensar en pasaportes y visados.

Pero un día, a finales de 2012, mientras charlaba con un ejecutivo que había venido a nuestra oficina para encargarnos un anuncio de televisión, me dijo que los dueños de empresas privadas podían solicitar pasaportes con la documentación de la empresa; él había conseguido el suyo así. Se me ocurrió entonces intentarlo, ya que tenía la oportunidad. Si las circunstancias me lo permitían, podría hacer turismo en el extranjero.

En la comunidad uigur, un pasaporte era trascendental. Tras muchos años de aislamiento y represión política, los uigures veían el pasaporte como una valiosa carta de presentación ante el mundo exterior. La inmensa mayoría de los uigures nunca habían visto un pasaporte.

Por lo general solo los tenían los empresarios prósperos que hacían negocios en el extranjero.

A principios de 2013 solicité un pasaporte con los documentos de mi empresa. Por aquel entonces China estaba estrechando sus lazos con el resto del mundo y el Gobierno agilizó los procedimientos. A los han les bastaba con presentar el carnet de identidad en la oficina correspondiente y rellenar un formulario. Para los uigures y otras minorías étnicas, la tramitación del pasaporte seguía siendo un trámite arduo, largo y complicado. Como empresario en la capital de la región, encontraría menos obstáculos que la mayoría de los uigures para obtener un pasaporte; aun así, tenía que enfrentarme a una burocracia desquiciante.

Después de rellenar con cuidado las ocho páginas del formulario de solicitud, preparé el certificado laboral. Este documento, estampado con el sello de la empresa, acreditaba mi responsabilidad en la compañía, mi salario mensual, el motivo por el que necesitaba un pasaporte, las fechas en las que tenía previsto viajar al extranjero, el país de destino, la causa del viaje y la garantía de la empresa de que volvería en la fecha señalada. Todos estos datos eran un mero formalismo; no había necesidad de que fueran exactos.

Como era el dueño de la empresa, redacté mi propio certificado sin necesidad de rogarle a nadie que me lo sellara. Una vez preparado el documento con todos los requisitos de rigor, cogí el sello de la empresa, lo humedecí enérgicamente en la tinta roja y lo estampé en el papel con enorme placer.

Para la inmensa mayoría de los uigures que no eran empresarios, resultaba dificilísimo conseguir estos avales. Yo había hecho varios documentos a nombre de mi empresa para ayudar a amigos de confianza a solicitar un pasaporte. Como es lógico, el trámite no estaba exento de riesgos. Si la persona a la que yo facilitaba un certificado era detenida a lo largo del proceso de solicitud, o en la frontera, la policía vendría enseguida a por mí. Por fortuna, nunca me había visto en esta situación.

Llevé los documentos para solicitar el pasaporte a la oficina de mujeres policía del distrito. Adile era una uigur de treinta y tantos años. Examinó detenidamente el formulario de solicitud y luego, uno a uno, inspeccionó los demás documentos: la licencia de actividad de la empresa y su certificado de registro, la licencia fiscal de actividad comercial a escala local y nacional, mi carnet de identidad, el certificado de empadronamiento familiar y el aval de mi empresa. Luego, volviéndose hacia el ordenador y revisando mi expediente en el archivo policial, redactó un documento que decía: «Practicadas las debidas diligencias, certificamos que el residente Tahir Hamut no tiene antecedentes penales, no está incluido en los "siete tipos de personas sin permiso para viajar al extranjero" y no participó en los disturbios de Urumqi en 2009. Por tanto, es apto para obtener un pasaporte». Firmó la copia y me la entregó. Le llevé el documento a Erbol, el subcomisario. Después de revisarlo, cogió mi formulario de solicitud y escribió «Aprobado» en la casilla correspondiente. Luego fui a la oficina de administración de la comisaría, donde estamparon el sello oficial encima de la firma de Erbol.

Presenté toda la documentación en el comité del distrito y allí me dieron un formulario de una sola página con el nombre de «Formulario de Inspección y Observaciones para Residentes en Urumqi que Viajen al Extranjero». Lo rellené y lo llevé de nuevo al comité del distrito y luego al de sector, para que lo aprobasen y estamparan con más sellos rojos.

El último espacio en blanco de este formulario requería el sello de la Oficina de Asuntos Religiosos y Nacionales del Distrito de Tengritag. Para conseguirlo, mi empresa tenía que expedirme un certificado en el que daba fe de que yo nunca había ido en peregrinación a La Meca sin autorización y en el que asumía plenamente la responsabilidad en caso de que lo hiciera. Entre la cantidad de sellos necesarios para obtener un pasaporte, solo faltaba el correspondiente a este documento y el certificado laboral estaba en mi poder. En semejante situación, cuando cualquiera de estos innumerables sellos —símbolos de la autoridad en China— podían decidir el destino de un hombre, tener garantizado siquiera uno ya era importante.

Presenté el certificado en la Oficina de Asuntos Religiosos y Nacionales para que me pusieran el último sello en el formulario. En total, los trámites me llevaron alrededor de dos semanas.

Me quedé mirando la sucesión de sellos rojos en el formulario. Unos eran de un color muy fuerte, con los caracteres chinos y uigures bien legibles. Otros casi no se veían y resultaba imposible leerlos; pero seguían siendo cruciales. Guardé el formulario en una carpeta. Sentí un alivio inmenso tras haber sorteado tanta burocracia. Me quité un peso de encima.

Con los dos formularios, mis documentos de identidad y los de mi empresa, fui a la Oficina de Control de Fronteras del Departamento de Seguridad Pública correspondiente a mi distrito. El funcionario examinó los papeles a fondo antes de decirme que me llamarían cuando la unidad de seguridad nacional hubiera comprobado su validez. Había oído decir que si la unidad de seguridad nacional daba el visto bueno a los documentos, la solicitud de pasaporte se aprobaba sin problemas.

Unos diez días más tarde, me llamaron del Departamento de Seguridad Pública del Distrito para decirme que podía recoger los documentos y llevarlos al Departamento de Seguridad Pública de la Ciudad. Después de dos horas de espera en la Oficina de Control de Fronteras entregué los papeles al funcionario de la ventanilla.

En el plazo exacto de treinta días me dieron mi pasaporte.

Dado que los uigures estábamos cada vez más marginados en nuestro propio país, a Marhaba y a mí nos preocupaba el futuro de nuestras hijas. No era fácil ser optimistas. «Lo que nos ha pasado a nosotros ya no tiene remedio —decíamos—, pero no podemos permitir que a ellas les pase lo mismo.» Aunque estudiaran en las mejores universidades de China, como uigures se enfrentarían inevitablemente a una discriminación constante tanto en su actividad profesional como en la vida cotidiana.

Por aquel entonces nos enteramos de que algunos conocidos nuestros, uigures de buena posición económica, habían enviado a sus hijos a estudiar en institutos de Estados Unidos. Debatimos la cuestión en familia y acordamos prepararnos para que Aséna y Almila estudiaran en el extranjero. De entrada, Aséna se tomaría un año libre para estudiar inglés a tiempo completo. El plan era mandarla a Estados Unidos en cuanto terminase la segunda etapa de primaria. Marhaba y yo decidimos trabajar todo lo posible para ahorrar y asegurarnos de que nuestras hijas pudieran estudiar fuera del país.

Había llegado el momento de solicitar pasaportes para Marhaba y las niñas. Con excepción de los empresarios, los uigures y miembros de otras etnias minoritarias necesitaban una carta de invitación de un ciudadano extranjero para poder solicitar un pasaporte. Una vez conseguida, mi mujer y mis hijas tendrían que recorrer el mismo laberinto burocrático que yo.

Hicimos repaso de todos nuestros amigos y conocidos en el extranjero para conseguir la invitación. Tenía que ser una persona fiable; es decir, alguien que hubiera obtenido la ciudadanía en su país de residencia, dispuesta a ayudarnos y que no estuviera incluida en las listas negras del Gobierno chino. La carta debía reflejar claramente el nombre del anfitrión, su nacionalidad y dirección, además del nombre del invitado, su fecha de nacimiento, el número del carnet de identidad y el tiempo de visita. Por otro lado, la carta debía garantizar que el anfitrión se hacía cargo de los gastos del invitado a lo largo de su estancia. En el sobre debía figurar, en chino, la dirección de la persona invitada.

Decidimos que los mejores candidatos eran nuestros amigos Mirshat y Gülnar, una pareja que vivía en Suecia y había obtenido la nacionalidad sueca. Mirshat era un escritor a quien yo conocía de los círculos literarios; Gülnar y yo habíamos sido compañeros en la universidad y después trabajamos juntos una temporada en el mismo colegio de Urumqi. Se mostraron más que dispuestos a ayudarnos, y Gülnar se ofreció a escribir la carta personalmente.

Una vez recibida la invitación de Gülnar, el protocolo nos obligaba a traducirla oficialmente del inglés al chino. Luego, tras varias semanas de reunir papeles, rellenar formularios y conseguir sellos rojos, llevé la carta con la invitación, el formulario de solicitud y el resto de la documentación a la Oficina de Control de Fronteras del Departamento de Seguridad Pública del Distrito. El agente de policía, de etnia han, echó un vistazo a los documentos y me anunció que necesitaba aportar pruebas de que Gülnar había renunciado a la nacionalidad china. Le contesté que Gülnar ya tenía la nacionalidad sueca, pero se limitó a repetir que, por ley, los chinos que adoptaran una nacionalidad extranjera tenían que seguir el procedimiento oficial para renunciar a la nacionalidad china. Me tiró los papeles a la cara. No había nada más que decir. Volví a mi oficina echando chispas.

Pregunté a varias personas cómo se renunciaba oficialmente a la nacionalidad china. Al parecer, un familiar directo podía tramitar la petición de renuncia en nombre de Gülnar. Le dejé a Gülnar un mensaje de voz en WeChat para explicárselo todo con detalle.

Me llamó al día siguiente. Antes de irse al extranjero, Gülnar había comprado un apartamento del edificio de su empresa. El apartamento seguía a su nombre, y por esta razón aún no había podido renunciar a la nacionalidad china. Dicho de otro modo, la cosa no iba a funcionar. Teníamos que buscar a otra persona.

Al final le pedimos a un pariente lejano de Marhaba que vivía en Australia una carta de invitación para ella y nuestras hijas. Tradujimos la carta del inglés al chino en la empresa autorizada por el Gobierno, que era muy cara. Volví a entregarle la documentación al funcionario. Esta vez los formularios pasaron el trámite.

Al cabo de tres meses de ardua burocracia e impaciente espera, los pasaportes de Marhaba, Aséna y Almila se expidieron en el mes de julio. Estábamos eufóricos y fuimos a celebrarlo a uno de los mejores restaurantes de Urumqi, donde servían comida uigur, turca y occidental. Pedimos de todo. A Marhaba le gusta el kebab turco, y nuestras hijas devoraron unas pizzas. Luego, Aséna y Almila nos pidieron ir al parque acuático, al sur de la ciudad. Subieron a todas las atracciones y lo pasaron en grande, tanto como nosotros mirándolas. Después fuimos a pasear en velero por el lago. Las niñas gritaban de alegría cada vez que el barco giraba a toda velocidad.

Aséna acababa de terminar la segunda etapa de primaria. En septiembre, a principios de curso, se matriculó en el instituto del barrio. Como parte de los preparativos para que se marchara a estudiar en el extranjero, pedí a un amigo médico que me hiciera un certificado de que la niña había sufrido una pérdida de audición repentina en el oído izquierdo y necesitaba tratamiento. Me reuní con el director han del instituto y, con cierta dificultad, conseguí su permiso para que Aséna se quedara en casa y pudiera seguir el tratamiento.

Contratamos a un profesor de inglés. Dos meses más tarde, volví a entregar al director otro certificado de mi amigo médico: «No se ha apreciado una mejoría significativa en el estado de Aséna; necesita continuar el tratamiento». El director estaba indignado. «¿Qué enfermedad es esta que no mejora al cabo de dos meses?», preguntó. No obstante, después de que le explicara la situación con el mayor dramatismo posible, accedió a que Aséna se tomara el año libre y repitiera curso el siguiente. Resuelta la situación escolar, mi hija se empleó a fondo en el estudio del inglés.

El 23 de septiembre de 2014, el Tribunal Popular de Apelación de Urumqi declaró a Ilham Tohti culpable del delito de separatismo y lo condenó a cadena perpetua. La noticia conmocionó a todos los intelectuales uigures.

Unos días más tarde fui a Pekín. Mi *alma mater,* la Universidad Central de las Nacionalidades, celebraba el XX.º Aniversario de la aprobación de los estudios de Lengua y Literatura Uigur como título universitario. Me invitaron a asistir junto a otros licenciados uigures que habían cosechado cierto éxito profesional. Casi todos nos conocíamos. En el marco de las celebraciones, algunos presentamos ponencias académicas. Marhaba, que nunca había estado en Pekín, me acompañó en este viaje. Quería conocer la ciudad, sobre todo la universidad donde yo había estudiado. Fue un orgullo para mí presentar a mi mujer a mis antiguos profesores.

Aunque disfruté del encuentro, la reciente condena de Ilham no se me quitaba de la cabeza. Dos visitas a unos amigos de Pekín subrayaron la gravedad de la situación.

Uno de ellos, un escritor han residente en Pekín y comprometido desde hacía tiempo con los derechos de los uigures, había estado con Ilham cuando este me llamó un par de años antes, el día de Año Nuevo. Nos contó los detalles de la detención y se mostró muy preocupado por la difícil situación de su mujer y sus hijos. Dijimos que nos gustaría verlos, pero mi amigo nos disuadió. La familia de Ilham estaba vigilada las veinticuatro horas por policías de paisano apostados en la puerta de su casa.

El segundo día de las celebraciones en la universidad, un antiguo compañero de clase de mis tiempos en Pekín vino a nuestro hotel por la tarde. Me pidió que saliéramos, para hablar en privado, y me contó que mi amigo Jüret me enviaba saludos desde Estados Unidos y le había dado un mensaje para mí: Teníamos que irnos inmediatamente. Un año antes, cuando terminó sus estudios de doctorado en Japón, Jüret se había marchado con su familia a Virginia y había conseguido asilo político. Estaba preocupadísimo por el rápido deterioro de la situación para los uigures en China. Cansado de decirme esto por teléfono, me enviaba el mensaje a través de este compañero de clase, que había estado recientemente en Estados Unidos.

Desde la noticia de la detención de Ilham, me rondaba de vez en cuando la idea de salir del país pero nunca acababa de considerarla con sinceridad y detenimiento. Sin embargo, Jüret tenía razón. Las cosas iban de mal en peor para los uigures en China, y los intelectuales corríamos un peligro especial. Había llegado el momento de tomárselo en serio.

10. Rechazo

La condena a cadena perpetua de Ilham Tohti, por «dividir la patria», me había afectado profundamente. Por prudencia, decidí solicitar los visados para hacer un viaje a Estados Unidos con mi familia. Mientras, Marhaba y yo acordamos seguir sopesando el plan de irnos al extranjero según evolucionara la situación. Desde hacía diez años, la embajada estadounidense expedía visados turísticos a los ciudadanos chinos. Pensamos que teníamos tiempo de sobra para tomar la decisión si las cosas se ponían feas.

Empezamos a informarnos y encontramos a un agente que expedía visados en Pekín. Se llamaba Li Yang. Era un joven han que dirigía una pequeña agencia de viajes cerca del distrito de las embajadas. Li me pareció una persona competente y cordial, y me dijo que había ayudado a algunos uigures a conseguir visados. Estaba al corriente de la situación en Xinjiang y de las actuales circunstancias de los uigures. Me alegró ver que habíamos encontrado a la persona ideal para ayudarnos.

Después de que hiciera una transferencia online para abonar la tasa de solicitud de visado y los honorarios de

Li Yang, este me envió la lista de documentos que teníamos que presentar. Rellené el formulario de solicitud de visado turístico y se lo envié por correo electrónico, junto con las copias de nuestros pasaportes y carnets de identidad. Li nos consiguió una cita en la embajada estadounidense para marzo de 2015.

A mediados de marzo preparamos la documentación que podían requerirnos para la entrevista: pasaportes, carnets de identidad, libro de familia, escritura de propiedad del apartamento, extracto de cuentas corrientes, certificado de matrimonio, partida de nacimiento de nuestras hijas, registro de la empresa, título universitario y también el libro que yo había publicado. La documentación completa llenaba una mochila.

Además de lo anterior, Marhaba y yo teníamos que presentar un certificado de empresa. Este documento daba fe de nuestra responsabilidad en la empresa, salario anual, las fechas de estancia previstas, el origen de los fondos para hacer el viaje y la garantía de la empresa de que volveríamos en la fecha indicada.

El extracto bancario se pedía directamente al banco. Certificaba que el solicitante tenía al menos cien mil yuanes depositados en su cuenta y especificaba con detalle los movimientos de los seis últimos meses. Comparada con el salario medio en Urumqi, esta cantidad representaba los ingresos de un año y medio; al tratarse de una solicitud familiar, la cantidad se duplicaba. El banco nos facilitó el extracto.

Terminados los preparativos, Marhaba y yo embarcamos en un avión rumbo a Pekín. Una vez allí, fuimos derechos al Centro de Asuntos Exteriores de Xinjiang, que presta servicios a los residentes de esta provincia en la capital china, y luego nos registramos en el hotel. Fuera de la región uigur, los hoteles de China generalmente no aceptaban huéspedes de Xinjiang, y mucho menos uigures. En caso de hacerlo, tenían que notificarlo de inmediato a la policía. Con suerte, la policía se marchaba después de examinar los carnets de identidad de los huéspedes y aclarar el motivo del viaje y la duración de la estancia. Con menos suerte, los huéspedes acababan en la comisaría, donde los interrogaban, les hacían fotos y les tomaban las huellas dactilares.

Por esta razón, los mejores hoteles para los uigures en Pekín eran los que se encontraban en el recinto del Centro de Asuntos Exteriores de Xinjiang y los alrededores de la Universidad Central de las Nacionalidades, donde estudiaban muchos uigures. Como los uigures se alojaban normalmente en estos hoteles, había menos problemas con las autoridades.

Al día siguiente, según lo previsto, pasamos por la agencia de viajes de Li Yang. Con amabilidad y detalle, nos explicó las cuestiones a las que debíamos prestar especial atención en la embajada. Nos previno de que los agentes consulares podían hacernos preguntas inesperadas sin relación aparente con los visados, como nuestro aniversario de boda, los cumpleaños de nuestras hijas, si Marhaba estaba embarazada o los metros cuadrados de nuestro apartamento. Si dudábamos o no sabíamos responder, nos denegarían la solicitud.

Añadió que con los «pasaportes en blanco», sin ningún visado todavía, las posibilidades eran muy escasas. Aun así, dijo, nuestras circunstancias eran favorables y valía la pena intentarlo. Con esto quería decir que yo era empresario y director de cine, que teníamos una buena posición económica y estábamos empadronados en Urumqi.

Me molestó que dijera que las posibilidades eran «muy escasas». Tendría que haberlo dicho desde el principio. Pero ¿qué habría cambiado en ese caso? No había otra opción mejor. Probablemente habríamos decidido intentarlo de todos modos.

Esa tarde, Marhaba y yo estuvimos un par de horas en la habitación del hotel ensayando las preguntas que podría hacernos el agente consular.

Al día siguiente, a petición de Li Yang, llegamos a la embajada estadounidense dos horas antes de la cita. En la puerta había una cola de unas mil personas, en cuatro filas distintas de cien metros de largo. Nos pusimos a la cola.

La gente que salía de la embajada pasaba a nuestro lado. Algunos iban despacio, con papeles blancos en la mano; los que llevaban papeles azules sonreían con aire triunfal. Dedujimos que a los de los papeles blancos les habían denegado el visado y a los de los papeles azules se lo habían concedido.

Después de un par de horas en la cola tuvimos que pasar varios controles de seguridad y nos tomaron las huellas dactilares. Por fin llegamos a un pasillo donde se encontraban las ventanillas de solicitud de visados. Varios hombres y mujeres jóvenes, con pinta de estudiantes en prácticas, indicaban a los solicitantes a qué ventanilla debían dirigirse. Aunque hacía lo posible por conservar la calma y la compostura, estaba algo nervioso. Para que no se me notara, volví la cabeza y le sonreí a Marhaba. No sirvió de nada. Vi en sus ojos, que no se apartaban de las ventanillas, la impaciente esperanza de que nos atendiera un buen funcionario dispuesto a tramitar nuestros visados.

Observamos a los funcionarios de las tres ventanillas mientras hablaban con los solicitantes. Uno era un hombre de mediana edad que empezaba a quedarse calvo; otra, una mujer morena de constitución fuerte y la tercera, una joven rubia. Aunque sabía que era inútil, no podía dejar de examinar su aspecto, su expresión y su diálogo con los solicitantes, tratando de adivinar cuál de los tres sería más favorable a tramitar la solicitud.

Nos tocó el turno. Nos indicaron que fuéramos a la ventanilla de la joven rubia. Le entregamos la documentación. De los cuatro pasaportes, escogió el mío y empezó a cotejar minuciosamente la información del documento con la base de datos informática. Yo estaba atento al más mínimo gesto o expresión de la joven, buscando algún indicio de que iba a concedernos los visados. Terminó de cotejar la información y tecleó unas líneas en el ordenador. Luego puso dos papeles blancos encima de los cuatro pasaportes y me los devolvió por la ventanilla. «Lo siento —dijo en chino—. La política de visados es muy estricta en este momento. No podemos concedérselo.»

Aunque habíamos hablado muchas veces de que esto podía ocurrir, fue un golpe muy duro que nos denegaran el visado sin hacernos siquiera una pregunta. Me quedé mudo unos momentos. Luego intenté explicarle a la funcionaria que a nuestras hijas les hacía mucha ilusión este viaje. Yo mismo me di cuenta de lo patético que resultaba. Al verme en aquel estado, la mujer se levantó de la silla sin dejar de disculparse. Uno de los estudiantes en prácticas vino entonces y nos acompañó hasta la salida.

Cruzamos el patio de la embajada derrotados. Llamé a Li Yang para decirle que nos habían denegado el visado. Me ofreció unas palabras de consuelo y añadió que, si de verdad queríamos conseguir un visado para Estados Unidos, teníamos que viajar primero a otros países occidentales, especialmente a Europa, y luego tener paciencia y esperar alrededor de un año. Entonces tendríamos posibilidades de que nos concedieran los visados.

Cuando volvimos a Urumqi, empezamos a informarnos sobre los viajes a Europa y al final contratamos una excursión en grupo organizada por una agencia de viajes de la ciudad. En quince días visitaríamos Italia, Alemania, Bélgica, los Países Bajos, Francia y Turquía. Nos darían un visado italiano a cada uno. Aunque el viaje era muy caro, valía la pena hacerlo si eso nos permitía obtener un visado para Estados Unidos. Los padres de Marhaba accedieron a quedarse con Aséna y Almila.

El 26 de abril, por la mañana, mi mujer y yo nos sumamos a los otros dieciocho uigures de nuestro grupo en el Aeropuerto Internacional de Diwopu, en Urumqi. La agencia nos asignó como guía a un uigur de más o menos mi edad. Siguiendo sus indicaciones, facturamos el equipaje, pasamos el control de seguridad y nos pusimos en la cola de la aduana.

Justo en ese momento, una estrella del pop uigur llegó corriendo. Era un cantante con un estilo muy personal en la música uigur que acababa de hacerse famoso en toda China al quedar en segundo puesto en un concurso de televisión con sus interpretaciones de canciones chinas. Una década antes, cuando él estaba empezando, yo había producido sus vídeos musicales.

Al verlo, los jóvenes agentes han que examinaban y procesaban nuestra documentación dejaron lo que estaban haciendo y lo miraron con admiración. El cantante se acercó a nuestro grupo, saludó a los demás con la cabeza y luego me dio la mano y me dijo que iba a Turquía a hacer una gira de conciertos. Los otros miembros del grupo lo esperaban ya en Estambul.

Mientras, varias jóvenes policías de la aduana se acercaron al cantante para preguntarle si podían hacerse unas fotos con él; el artista posó con aire juguetón. En una época en que los han miraban a los uigures con creciente recelo, sorprendía ver a estas policías han tan enamoradas del cantante. Como tenía un billete de primera clase, el artista pasó la aduana en un abrir y cerrar de ojos y se dirigió a la puerta de embarque sin hacer cola, a diferencia de los demás.

Cuando me tocó el turno, le entregué al policía mi pasaporte y mi carnet de identidad. Examinó el carnet atentamente, me comparó con la foto y luego me preguntó por qué tenía un carnet de identidad de Pekín si vivía en Urumqi. Le expliqué que me dieron el carnet cuando estaba estudiando en la universidad de Pekín y no habían cambiado el número cuando volví a Urumqi. Seguramente no era el primer caso que veía, porque mi explicación le pareció razonable. De todos modos, estas situaciones no eran habituales, sobre todo entre los uigures. La mía le llamó la atención.

El policía me apartó de la cola y me pidió que esperase en la puerta de un despacho cercano. Viendo que la cosa quizá iba para largo, me senté en una silla. Mis compañeros de viaje me estaban mirando. Marhaba tenía cara de preocupación y desánimo. Le sonreí. Lo cierto es que estaba muy tranquilo.

El policía avisó a un compañero, le entregó mi carnet de identidad y le susurró algo. El segundo policía entró en el despacho con mi carnet. Uno o dos minutos después, ordenaron a otro hombre de nuestro grupo, un comerciante de Yarkand, que esperase conmigo. Irradiando preocupación, siguió mi ejemplo y se sentó a mi lado.

Aparte de nosotros, todo el grupo había pasado la aduana sin contratiempos y esperaba al otro lado del puesto de control.

Pasaron diez minutos hasta que el policía salió de la oficina con nuestros carnets de identidad y nos los devolvió sin decir palabra. Aliviado, el rotundo comerciante yarkandí me adelantó corriendo en la salida del control.

Esa noche aterrizamos en el Aeropuerto Atatürk de Estambul. Era la primera vez que Marhaba y yo pisábamos tierra extranjera. Diecinueve años antes, yo había visto frustrado mi sueño de estudiar en Estambul. Pagué un precio muy caro por ese sueño. Este pensamiento no me impidió sentir una poderosa oleada de emoción mezclada con una pizca de pena.

—Esta vez has conseguido llegar a Estambul —me dijo Marhaba sonriendo—. Por fin estás aquí.

Cuando pasamos la aduana en el aeropuerto, nuestro guía recogió los pasaportes de todo el grupo. El Gobierno chino se aseguraba de que sus ciudadanos no huyeran del país aprovechando un viaje al extranjero. Si una agencia de viajes permitía la fuga de un turista recibía un severo castigo. Por eso, nuestro guía se hizo cargo de los pasaportes a lo largo de todo el viaje. Cuando los necesitábamos para embarcar o comprar algo en la tienda libre de impuestos, se los pedíamos y se los devolvíamos después.

La tarde siguiente despegamos de Estambul y aterrizamos en Roma. El autobús nos llevó por la ciudad, al Vaticano y después a Venecia, antes de salir de Italia hacia el norte de Europa. Recorrimos varias ciudades en ocho días —Múnich, Bruselas, Ámsterdam—, con el tiempo justo para ver los sitios turísticos más importantes, hacer unas fotos y seguir adelante. Más que unas vacaciones, esto era un maratón.

En muchas de las ciudades que visitamos no había restaurantes uigures; a veces era difícil encontrar algún restaurante halal. Nos vino muy bien el *naan* que se nos ocurrió llevar de Urumqi. Por las noches volvíamos al hotel agotados y hambrientos. Aun así disfrutamos mucho el viaje. Pudimos ver en persona lugares que solo conocíamos a través de los libros o las películas.

La mañana del 4 de mayo salimos de Bruselas hacia París. Allí nos esperaban Mirshat, Gülnar y sus hijos. Mientras preparábamos el viaje a Europa, nos habíamos puesto en contacto con Mirshat y Gülnar, que vivían en Suecia, y se organizaron para reunirse con nosotros en París.

Llegamos a París a última hora de la mañana. Visitamos el Louvre, según lo previsto, y fuimos a dar una vuelta por las perfumerías de los alrededores. Cenaríamos en Dolan, un restaurante uigur. Al entrar con el grupo al restaurante, Mirshat y Gülnar ya estaban allí, esperándonos. Habían ido a París con su hijo de diez años y su hija de seis. Nos abrazamos. En mi recuerdo, habían pasado más de diez años desde la última vez que los vi. No habían vuelto a la región uigur en todo ese tiempo, y echaban de menos su país y a sus amigos. Marhaba y Gülnar no se conocían y solo habían hablado un par de veces por WeChat, pero se abrazaron como amigas de toda la vida, con los ojos llenos de lágrimas. Más tarde supimos que nuestros compañeros de viaje creyeron que éramos parientes. Nos sentamos a comer un *pilaf* de cordero. Habíamos echado de menos la comida uigur desde que salimos de casa, y este *pilaf* de París nos supo especialmente bien.

Al día siguiente fuimos con el grupo de excursión en barco por un tramo del Sena. Vimos la imponente Torre Eiffel desde muy cerca. En una isla solitaria había una versión en miniatura de la Estatua de la Libertad. Mientras pasábamos por debajo de los innumerables puentes del río me acordé del gran poeta Paul Celan. Su influencia entre los jóvenes poetas uigures había sido muy profunda. Su memorable poema *Fuga de la muerte,* inspirado en sus experiencias personales y las de otros judíos europeos durante el genocidio nazi, se había traducido al uigur al menos tres veces que yo supiera, y había dado pie a animados debates en foros literarios uigures online.

Yo conocí la poesía de Paul Celan a principios de la década de 1990. Desde entonces la buscaba traducida al chino. Por más veces que leyera y releyera mis poemas favoritos de Celan, siempre encontraba en ellos algo nuevo.

Celan vivió muchos años como emigrante en París y escribió buena parte de su obra en esta ciudad. Yo sabía que un día de abril de 1970, pocos meses después de mi llegada al mundo, el poeta se quitó la vida arrojándose desde un puente del Sena. Podía ser alguno de aquellos por los que pasábamos. Si hubiera tenido más tiempo, me habría gustado visitar la sepultura de Paul Celan.

Mientras contemplaba las aguas lentas del Sena, me acordé de un poema de Celan, *Recuerdo de Francia*.

Salió por la puerta, seguido por la lluvia.
Estábamos muertos y podíamos respirar.

11. La orilla lejana

Ver a Mirshat y Gülnar fue para nosotros más importante que pasear por las calles de París. Esa tarde, con
idea de pasar más tiempo con ellos, pedimos permiso a
nuestro guía para separarnos del grupo.

Nos reunimos con nuestros amigos y estuvimos un rato
paseando antes de volver a su hotel. Aproveché la oportunidad para llamar a Jüret. Con el teléfono de Mirshat,
desde la habitación de ese hotel de París, Jüret y yo podíamos hablar con mucha más libertad que cuando yo estaba
en casa. Jüret volvió a insistirme en que me fuera a Estados
Unidos. Le dije que Marhaba y yo aún no habíamos tomado la decisión de emigrar a Estados Unidos; y si lo decidíamos, para eso necesitábamos primero los visados.

Luego nos quedamos charlando y tomando té con
Mirshat y Gülnar en su habitación. Nos contaron por
qué se habían ido de nuestro país y cómo habían terminado en Suecia.

Mirshat empezó el relato, pero a Gülnar no le convencía cómo lo contaba y lo interrumpió enseguida para
contarlo ella. Luego se fueron turnando, corrigiéndose
y aportando su parte cada uno.

En 2002, un conocido de Mirshat envió cierta información a un amigo de Alemania: el Gobierno municipal estaba prohibiendo y quemando libros de temática religiosa y «étnica». Este amigo denunció la situación en los medios de comunicación occidentales. Cuando el caso llegó a oídos de las autoridades chinas, detuvieron al conocido de Mirshat; este se asustó y confesó inmediatamente. La policía le dijo que podía librarse del castigo si denunciaba a los cuadros uigures con marcadas creencias étnicas y contrarios al Estado. El primero al que delató fue a Mirshat.

Aunque trabajaba en una oficina del Gobierno, cuando estaba entre amigos —como muchos intelectuales uigures—, Mirshat tenía la costumbre de manifestar su descontento por el pisoteo de los derechos de los uigures. En varias ocasiones, había comentado: «El día menos pensado, Estados Unidos pondrá orden en China».

Cuando fueron a detenerlo, Mirshat negó haber dicho nada contra el Gobierno. La policía le reveló que llevaban algún tiempo vigilándolo. Sabían que había criticado las políticas estatales en varias ocasiones y también lo que había dicho sobre Estados Unidos y China. Entonces nombraron a su socio, y Mirshat supo que lo había delatado. Lo dejaron marcharse tras hacerle una dura advertencia. Pero sabía que lo estaban vigilando, y Gülnar y él, que llevaban solo tres meses casados, decidieron salir del país.

Consiguieron una carta de invitación de unos amigos en el extranjero y solicitaron el pasaporte. Luego le explicaron la situación a un tío suyo, un vendedor de alfombras que era rico; les prestó diez mil dólares. Su plan era ir primero a Kazajistán, invitados por un amigo kazajo de Mirshat. El visado para Kazajistán se conseguía con relativa facilidad; desde allí se irían a Europa.

En enero de 2023, sin informar en su trabajo, obtuvieron un visado turístico en el consulado de Kazajistán y salieron del Aeropuerto de Urumqi con destino a Almaty. Era su primer viaje al extranjero; fuera de las fronteras de China, el mundo era completamente nuevo para ellos. Un conocido uigur en Almaty les prometió conseguirles visados europeos para continuar el viaje. Le dieron mil dólares. Les hizo esperar medio año sin poder ir a ninguna parte. Para colmo, a finales de marzo, Estados Unidos invadió Irak, y los consulados europeos en Kazajistán endurecieron su política de visados a raíz de la invasión. Sus esperanzas de llegar a Europa desde Kazajistán se fueron diluyendo. Al cabo de seis meses se dieron cuenta de que su conocido los había estafado.

Entonces, en un golpe de suerte inesperado, consiguieron un visado de la embajada iraní en Kazajistán. Sin embargo, nada más llegar a Irán, comprobaron que la influencia china en este país era muy poderosa y empezaron a preocuparse. Cuando solicitaron un visado en la embajada de Turquía en Teherán, les dijeron que presentaran la autorización de la embajada china. Lógicamente, esto era imposible.

Intentaron llegar a Turquía por diversos medios convencionales, hasta que no vieron otra opción más que entrar ilegalmente. Entonces empezaron a buscar traficantes de refugiados.

Para ir de Teherán a Tabriz, contrataron los servicios de unos traficantes kurdos y viajaron toda una noche a caballo. En Tabriz se sumaron a más de cincuenta paquistaníes y afganos que iban a cruzar la frontera clandestinamente. Vestidos de kurdos, se escondían en las montañas de día, y por la noche reanudaban el camino andando. El hambre, la sed y el cansancio eran constantes. Si se quedaban sin comida, compraban yogur y tortas de pan, a un precio muy alto, a los vendedores que recorrían las montañas. Si tenían sed, bebían el agua estancada de los charcos. Gülnar era la única mujer del grupo. A lo largo del viaje, mientras varios hombres fuertes se desmoronaban de agotamiento, ella seguía adelante con determinación y animaba a Mirshat continuamente. Nadie podía ayudar a quienes no soportaban la dureza del camino; si se quedaban atrás eran presa fácil de los bandidos de las montañas.

En un punto del trayecto se encontraron con un grupo de traficantes kurdos que se enfrentaron a Mirshat: «¿Sois infieles?». Nuestro amigo contestó que eran musulmanes. No contentos con esto, registraron la mochila de Gülnar. Encontraron la traducción al uigur del Corán de Muhammad Slih Haji, con inscripciones árabes impresas en los márgenes. Ese Corán los salvó. A lo largo del viaje, en Almaty y Teherán, habían perdido o les habían robado buena parte de lo que llevaban; incluso a ellos les sorprendió que el Corán siguiera en la mochila de Gülnar.

Los traficantes kurdos odiaban Turquía. Al saber que Mirshat y Gülnar eran chinos y querían llegar a Turquía, maldijeron este país y les propusieron que se quedaran con ellos. Juntos conseguirían llenar Turquía de refugiados chinos; les prometieron hacerles ricos. Mirshat respondió amablemente que su familia los esperaba en Turquía.

Pasaron cinco noches caminando antes de cruzar la frontera de Turquía a medianoche en la provincia Van.

Se quedaron hasta el amanecer en un establo con los demás refugiados. Luego, a cambio de cien dólares, los traficantes les pusieron un sello en el pasaporte, según el cual habían llegado al Aeropuerto Atatürk la semana anterior. Si los gendarmes turcos los paraban en la carretera, dirían que habían ido a visitar el lago Van, un famoso destino turístico. Los traficantes los dejaron entonces camino de Estambul. Hicieron el viaje en autobuses interurbanos, pasando por numerosos puestos de control en el trayecto. A pesar de que los gendarmes examinaron muchas veces sus pasaportes, no vieron que los sellos eran falsos, quizá porque los documentos eran auténticos. Por fin llegaron a Estambul, sanos y salvos.

Aunque sus conocidos uigures en Estambul les ofrecieron su hospitalidad y algo de ayuda, la economía turca no pasaba por un buen momento: el desempleo era muy alto y la inflación estaba disparada. Pidieron a su tío, el vendedor de alfombras, otros diez mil dólares y empezaron a organizar el viaje a Europa. Sin posibilidad de obtener un visado, pasaron siete meses en Estambul. El dinero se acababa. Gülnar perdió las esperanzas y empezó a insistir en que tenían que volver a casa. Mirshat, por el contrario, señalaba que si volvían seguramente acabarían en prisión. Gülnar se dejó convencer. Además, estaba embarazada.

Al enterarse, por mediación de conocidos, de que había una ruta marítima a Grecia, se fueron de Estambul a Çeşme, en la provincia de Esmirna. Desde la costa de Çeşme se veían las luces de una isla griega. Pagaron mil doscientos dólares a unos traficantes de refugiados y esperaron varios días en la ciudad. Una noche, los trafi-

cantes los embarcaron, junto con otras veinte personas
—hombres, mujeres y niños— en una lancha vieja con
capacidad para cuatro o cinco pasajeros. La lancha la
pilotaba uno de los refugiados a quienes los traficantes
habían dejado practicar un rato ese mismo día. Tras dos
horas en el mar llegaron a la costa de Grecia, llenos de
euforia al verse a salvo.

Nada más pisar tierra se vieron rodeados de gendarmes turcos. A lo largo del viaje en la oscuridad, con luces
visibles prácticamente en todas las direcciones, habían
perdido el rumbo y estaban de nuevo en la costa turca.

Los gendarmes les preguntaron uno a uno de dónde
venían. Al saber que Gülnar y Mirshat eran uigures,
informaron a su capitán de que había una pareja turca
entre los refugiados y la mujer estaba embarazada. El
capitán llegó enseguida, con una ambulancia. Trató a
Mirshat y Gülnar como si fueran de su familia, los invitó a un kebab y llevó a Gülnar al hospital a que le hicieran un chequeo gratis. Supieron que la madre y el bebé
estaban bien, y que el bebé era un niño.

El capitán les insistió en que no fueran a Europa; era
mejor que se quedaran en Turquía y estudiaran en la
universidad. Después de llevarlos a la oficina de inmigración para registrarlos y tomarles las huellas dactilares, les dejó que se marcharan. Cuando Mirshat le dijo
que no tenían permiso de residencia en Turquía, el capitán respondió: «Ser uigures es un permiso de residencia.
Turquía es la patria de los otomanos. Aquí nadie los
discriminará. Si van a la oficina de inmigración y solici-
tan el permiso de residencia, estoy seguro de que se lo
concederán. Si tienen algún problema vengan a verme».
Le dio a Mirshat su tarjeta.

Volvieron a Estambul. El embarazo de Gülnar avanzaba y el dinero se agotaba. Como llevaban poco tiempo en el país y no hablaban bien el turco, para encontrar trabajo necesitaban recomendaciones de uigures mejor instalados. Pero por aquel entonces, el miedo a China se había propagado entre la comunidad uigur en Turquía hasta el extremo de la paranoia y todos los recién llegados despertaban la sospecha inmediata como posibles espías chinos. Cuando pidieron ayuda a otros uigures en Estambul, todos les dieron con la puerta en las narices. Decidieron correr el riesgo de intentar el viaje a Europa por segunda vez.

Volvieron a Esmirna. Allí pasaron varios meses atentos a la situación y a la espera de una nueva oportunidad de llegar a Grecia. Les daba vergüenza pedir más dinero a su tío, pero estaban sin blanca, y esta vez recurrieron a otro familiar en Urumqi.

Al final decidieron pagar a otro traficante para hacer el viaje de Çeşme a Grecia por la misma ruta marítima. Este hombre enseñó a Mirshat a llevar el timón. Una noche, con buen tiempo, se sumaron a otra media docena de familias de refugiados uzbekos de Afganistán, con niños incluidos, y se amontonaron en un barco de pesca pequeño. Pusieron rumbo a la misma isla griega.

Tras una hora de navegación, el tiempo cambió de repente. Empezó a llover con fuerza y las olas se volvieron enormes. Todos lloraban como si hubiera llegado el día del juicio final. Mirshat y Gülnar se pusieron a recitar versículos del Corán en voz baja, pidiendo a Dios que los protegiera. Gülnar estaba embarazada de siete meses.

Con más de una docena de personas amontonadas en un barco en el que solo había espacio para cuatro o cinco, el peso era excesivo y una ola que los alcanzara de lleno podría volcar fácilmente la embarcación. Todos se ahogarían bajo la tormenta en la oscuridad. Estas tragedias eran frecuentes en las aguas de aquellos estrechos. Los refugiados achicaban el agua con todo lo que podían: botellas, bolsas de plástico, zapatos, sombreros y manos.

Tuvieron suerte. Con enorme dificultad llegaron por fin a la costa de Grecia. Mirshat y Gülnar encontraron un parque, se tumbaron en un banco y durmieron un rato. Luego subieron a un ferry rumbo a Atenas.

Desembarcaron sin saber qué hacer o adónde ir. Tomaron un tren hasta el centro de la ciudad. Allí vieron a muchos inmigrantes afganos y paquistaníes que vendían productos chinos baratos a los turistas. Preguntando a unos y a otros, Mirshat encontró una mezquita afgana. En los alrededores había comercios dirigidos por afganos, pakistaníes y chinos, además de todo tipo de restaurantes.

La barriga de Gülnar seguía creciendo. Un joven uzbeco de Afganistán les indicó dónde había un hospital, y Gülnar decidió dar a luz allí. Fueron a la comisaría, se registraron y consiguieron los documentos necesarios. El idioma uzbeko es muy parecido al uigur, y por sugerencia de este joven afgano, Mirshat y Gülnar empezaron a trabajar de traductores para comerciantes uzbekos y chinos. Ganaron bastante dinero y sus circunstancias mejoraron.

Pero la economía griega estaba en crisis. Viendo la dificultad de otros inmigrantes para encontrar trabajo, decidieron marcharse al norte. Unos conocidos que vivían en Suecia los animaron a ir allí. Mientras, Gülnar salió de cuentas. Dio a luz en el hospital de Atenas que le había recomendado el joven uzbeko.

En junio de 2004 empezaba la Eurocopa. La actuación del equipo griego fue impresionante, y el 4 de julio Grecia se enfrentó a Portugal en la final. Mirshat y Gülnar aprovecharon el momento, mientras los policías de fronteras griegos bebían cerveza, absortos en la retransmisión del partido. Enseñaron sus visados falsos y embarcaron con destino a Italia.

En Italia siguieron su viaje hacia el norte. Cruzaron Alemania y Dinamarca y llegaron a Suecia. Allí se quedaron por fin. Solo entonces se sintieron a salvo.

En el momento de solicitar los visados en Kazajistán habían dicho que eran kazajos. Para cruzar ilegalmente la frontera de Irán a Turquía se vistieron de kurdos. En Turquía se presentaron como turcos uigures y se convirtieron en turcos. Cuando los griegos les preguntaban de dónde venían se hacían pasar por turistas coreanos. En Atenas se habían registrado como refugiados afganos de etnia uzbeka. Solo al llegar a Suecia se atrevieron a registrare con su verdadera identidad. Eran uigures.

El relato de estas peripecias produjo vaivenes en nuestro estado de ánimo. Unas veces sonreíamos y otras nos quedábamos cabizbajos. Al poco de empezar a contarnos la historia, Gülnar y Marhaba se echaron a llorar. En la sociedad patriarcal uigur se considera vergonzoso que los hombres lloren, y rara vez se los ve llorar. Pero a lo largo del relato, Mirshat y yo no pudimos contener las lágrimas. A su hijo de diez años le hizo gracia vernos llorar; se rio mucho mirándonos a los dos. Todavía era un niño y no entendía el alcance de la lucha a vida o muerte de sus padres en busca de la libertad. No era consciente de que haber nacido en Atenas, sano y salvo, había sido un milagro.

Una vez en Suecia, Mirshat y Gülnar aprendieron el idioma con fluidez y estudiaron para desempeñar nuevas profesiones. Ahora trabajan a tiempo completo en un centro de servicios públicos. Tuvieron otra hija. Hoy llevan una vida tranquila y son una familia feliz. «Nuestra única pena es que echamos de menos nuestro país», nos dijo Gülnar.

Era el último día que pasaríamos juntos. Nadie quería despedirse. Cuando salimos con ellos hacia nuestro hotel ya había anochecido. Encontramos una estación de metro cerca, consultamos un mapa y entramos en el metro. Después de recorrer cinco paradas, nos dimos cuenta de que nos habíamos equivocado. Cuando estábamos en el andén, estudiando el mapa y deliberando qué dirección tomar, un turco de unos treinta y tantos años nos saludó. Como el turco y el uigur son idiomas similares, había entendido algo de lo que decíamos. Le explicamos la situación y nos dijo que íbamos en dirección contraria. Él iba en dirección al hotel; iríamos juntos.

Charlamos con él durante el trayecto. Mirshat y Gülnar, que habían pasado unos meses en Turquía, podían comunicarse con bastante facilidad. Le hablamos de la represión de los uigures en China. El joven había nacido y se había criado en París, donde trabajaba en la construcción; nos contó que los turcos estaban muy discriminados en Francia. Si Erdogan seguía en el poder, dijo, pensaba emigrar a Turquía.

Tenía que bajarse un par de estaciones antes que nosotros, pero imbuido de aquel espíritu de fraternidad nos acompañó hasta nuestra parada. Cuando nos despedimos, me dio el rosario de oración que llevaba en la mano desde que nos encontramos con él. Nos abrazamos. Al salir de la estación, caí en la cuenta de que ni siquiera le había preguntado su nombre.

Era medianoche cuando por fin llegamos al hotel. Nos quedamos en la puerta y abrazamos a Mirshat y Gülnar.

Al día siguiente por la tarde aterrizamos en Estambul. Los uigures, como pueblo turco, sienten afinidad por Turquía, y la oportunidad de conocer Estambul en el viaje era algo especial para nosotros. Pasamos los dos días siguientes paseando por la ciudad y visitando algunos lugares turísticos. Un amigo mío uigur que vivía en otra ciudad de Turquía vino a vernos. Mientras Marhaba seguía explorando el centro de la ciudad, mi amigo y yo nos sentamos en la playa y hablamos largo y tendido de la situación en casa. Me ayudó a comprar un *baglama,* un instrumento musical de siete cuerdas muy popular en Turquía. Un amigo de Urumqi, que era músico, me había pedido que le llevase uno.

El viernes por la noche embarcamos en el vuelo de regreso a Urumqi. Cuando llegamos, al día siguiente a mediodía, recogí el instrumento que me había guardado el auxiliar de vuelo y me lo eché al hombro para llevarlo seguro mientras recorría el aeropuerto.

En el control de fronteras volvió a ocurrir lo mismo que a la salida. Cuando me tocó el turno, una policía han de mediana edad me pidió el pasaporte y el carnet de identidad. Al examinar mi carnet preguntó por qué tenía un número de Pekín. Tuve que explicárselo con paciencia una vez más.

Se fijó en el instrumento que llevaba al hombro.

—¿Estudió usted música en Pekín?

—Sí —contesté sin vacilación, mintiendo.

Complacida por su sagacidad, me puso el sello muy contenta y me dejó pasar. Así cruzamos la frontera sin problemas.

Poco después de volver a casa quedé a cenar con unos amigos. Recién llegado de aquel viaje, les conté mis impresiones de Europa. Perhat Tursun me interrumpió de pronto.

—¿Podemos hablar de otra cosa? Me escuece oír hablar de viajes al extranjero, es como si me hablaran de una mujer de la que estuve enamorado pero con la que no pude casarme.

Nos reímos a carcajadas.

—Deberías solicitar un pasaporte —le dije—. Así podrás viajar cuando se te presente la ocasión.

Se puso muy serio.

—El Gobierno no me lo permitirá —dijo.

Nos quedamos todos callados.

Perdido en París

Como un muro inmóvil con nombres tallados
    en la piedra
contemplé el cielo de una calle desconocida,
sumido en la banalidad y el vértigo de la ciudad
empapado de lluvia y sudor frío
perdido sin llegar a conocerla
totalmente perdido
así lo supe

Era inútil orientarse de noche buscando la abnegada
Torre Eiffel valientemente erguida a la orilla del Sena
para pescar su suerte entre las aguas turbias
y así en la puerta de una estación de metro maloliente
con su manija de hierro erosionada como el tiempo
me quedé mirando

Las líneas en el mapa eran un laberinto semejante
a los toscos modales de ese inmigrante viejo
y al rosario, reliquia familiar,
que me regaló un turco de treinta y ocho años
    al que no conocía
y era inútil oír su suave tintineo
en mi bolsillo

Pasé al lado de dos tenderos árabes borrachos
un taxista latinoamericano un repartidor de pizza
alguien paseando
un perro y ninguno de ellos se perdió conmigo
eso sentí

Comprendí que tenía que olvidar nuevos destinos
la historia del amor
el perfume la belleza del arte y las fantasías
olvidarlo todo

París me susurró: Ah, desgraciado
Vuelve por donde has venido

12. Papeles blancos y papeles azules

Después del viaje a Europa y por consejo de Li Yang, esperamos un año antes de solicitar los visados para Estados Unidos.

A finales de julio de 2016, Marhaba, Aséna y yo hicimos un viaje a Pekín. Nuestra hija había cumplido los catorce el año anterior y ahora tenía que solicitar personalmente su visado en la embajada estadounidense, donde le tomarían las huellas dactilares.

En el Aeropuerto Internacional de Pekín cogimos un taxi para ir al complejo urbanístico de la Delegación de Xinjiang. Era casi la una de la madrugada cuando llegamos.

No quedaban habitaciones libres en el hotel donde nos alojamos en la visita anterior. Estábamos en temporada turística y la demanda era muy alta; había que reservar por adelantado. Me había despistado.

Fuimos a otro hotel del distrito. Tenía las puertas cerradas. Más adelante, el vestíbulo del lujoso Xinjiang Suites estaba abierto, pero con las luces apagadas. Había un vigilante solitario sentado en un rincón, toqueteando el teléfono móvil. Nada más vernos, levantó la mano para indicarnos que no había habitaciones disponibles.

Sacamos las maletas del patio, paramos un taxi y nos dirigimos a la calle Weigongcun, que bordeaba la Universidad de las Nacionalidades. No se veía ni un alma. Con las maletas a rastras echamos a andar como fantasmas en busca de un hotel. Encontramos varios hostales abiertos pero en todos ellos, antes de que pudiéramos preguntar si quedaban habitaciones, al ver que éramos uigures nos despachaban con un cortante «no».

Agotadas todas las opciones, volvimos en taxi al recinto de la Secretaría de Xinjiang. Preguntamos de nuevo en el primer hotel, con la absurda esperanza de que se hubiera desalojado una habitación. El recepcionista nos dijo que habría algunas disponibles al amanecer.

No tuvimos más remedio que sentarnos en un banco de piedra a la entrada del edificio, debajo de los árboles, hasta que amaneciera. Nos dejamos caer en el banco con las maletas al lado. Era la época más húmeda del año en Pekín. Los taimados mosquitos, a los que yo conocía bien de mis tiempos de estudiante, estaban hambrientos. El canto insistente de las cigarras nos sacaba de quicio.

Marhaba y Aséna, que nunca habían conocido humedad semejante, decían que se sentían como en un invernadero. A Marhaba le costaba respirar. Los mosquitos siempre habían tenido preferencia por Aséna, que estaba desesperada ahuyentándolos. Para colmo, a mí me sonaban las tripas de hambre, y sabía que mi mujer y mi hija también tenían hambre. No paraba de intentar consolarlas, pero mis palabras resonaban en mis oídos con un eco extraño. Tenía la cabeza aturdida por la falta de sueño, el agotamiento, la incomodidad y la humedad. Confiaba en que nadie nos viera en un estado tan lamentable.

—Tahir Hamut —me advirtió Marhaba muy enfadada—, si esta vez no nos dan un visado, no vuelvas a
pronunciar el nombre de Estados Unidos en mi presencia.

Por la mañana nos registramos en el hotel y dormimos
hasta el mediodía. Al día siguiente iríamos a la embajada. Tal como habíamos acordado, Li Yang nos esperaba
en la puerta.

La cola era incluso más larga que la primera vez. Al
cabo de más de dos horas de espera nos tomaron las
huellas dactilares y por fin entramos de nuevo en el pasillo donde expedían los visados.

—A lo mejor esta vez nos atiende un hombre —me
susurró Marhaba.

—¿Por qué dices eso? —preguntó Aséna.

—Las mujeres son malas —contestó su madre. Me
hizo reír.

En contra de los deseos de Marhaba, nos indicaron
que fuéramos a la ventanilla de una mujer. Era rubia y
guapa, como la que nos atendió la primera vez, pero más
joven.

Le entregué los cuatro pasaportes. Dejé preparados los
demás documentos por si me los pedía.

—¿Por qué quieren ir a Estados Unidos? —preguntó
en un chino excelente.

—A pasar las vacaciones en familia —contesté con
tranquilidad.

La mujer escogió mi pasaporte y cotejó los datos con
el registro informático. Dejó el pasaporte y tecleó algo
en el ordenador. Luego volvió a coger el documento y lo
abrió por la página del visado italiano. Utilizó un dispositivo en forma de bolígrafo que llevaba colgado del

cuello para acercarlo al visado; el dispositivo emitió una luz azul. Pensé que estaba comprobando la autenticidad del visado.

La mujer dejó el pasaporte.

—¿La sede de su empresa está en Urumqi? —preguntó.

—Así es.

—¿Vive usted en Urumqi?

Le dije que vivíamos allí.

Volvió a teclear en el ordenador. Luego, sin apartar la vista de la pantalla, cogió los otros tres pasaportes del mostrador. Me puse eufórico: esto era una señal de que nos concederían los visados. En ese caso, se quedarían con los pasaportes, los sellarían y nos los devolverían por correo.

Poco después nos miró sonriendo. «¡Enhorabuena! Podemos concederles los visados turísticos.» Con un rápido movimiento de las manos me entregó dos papeles azules. Solté un profundo suspiro de alivio silencioso. Aséna estaba feliz. La cara de Marhaba se abrió como una flor. Dimos sinceramente las gracias a la funcionaria y salimos a la calle. Todos los demás documentos que llevábamos no hicieron falta.

—Dámelos —dijo Aséna, quitándome los papeles azules de la mano cuando salimos del edificio—. ¡Quiero que todo el mundo los vea!

Y fiel a su palabra, con la mano en alto, enseñó con orgullo los papeles azules cuando pasamos al lado de la gente que seguía en la cola para entrar en la embajada.

Lo primero que hice después de salir de la embajada fue enviar un mensaje de voz a mi amigo Jüret, en Virginia, para darle la buena noticia. «¡Bien hecho!», contestó muy contento. Li Yang también nos felicitó de corazón.

Volvimos en taxi al hotel.

—Papá —dijo Aséna—, mientras esa mujer examinaba los pasaportes, oí cómo te latía el corazón.

Un mes después de que recibiéramos los visados, Chen Quanguo fue nombrado secretario del Partido en la Región Autónoma Uigur. Los intelectuales uigures tomaron nota al momento de que Chen había sido anteriormente secretario del Partido en Tíbet, donde destacó por su dureza contra los disidentes tibetanos. Se sospechaba que un funcionario como él aplicaría políticas de mano dura en nuestra región, y la inquietud no hizo más que aumentar.

Ahora que ya teníamos los visados, Jüret nos instaba a salir del país cuanto antes. Pero no acabábamos de tomar la decisión de emigrar. Él insistía en que al menos aprovecháramos la oportunidad de hacer un viaje. Li Yang me dijo que los billetes de avión estaban relativamente baratos en ese momento, era temporada baja. Decidimos hacer un viaje de quince días.

Consultamos con Jüret antes de comprar los billetes; pasaríamos la mayor parte de la estancia en su casa, al norte de Virginia. Luego escribí a mi amigo Kamil, que era profesor invitado en la Universidad de Indiana. Le alegró mucho saber que íbamos a Estados Unidos y empezamos a hacer planes para vernos en Indiana. Por aquel entonces, la etnomusicóloga Elise Anderson estaba terminando el doctorado en la misma universidad. A principios de 2012 había pasado cerca de tres años en la región uigur, investigando la música tradicional. Tuvimos una relación muy cordial con ella y, cuando supo que iríamos a Indiana, me invitó a hacer una lectura de poesía en la universidad. Acepté con mucho gusto.

No tardamos en prepararnos para el viaje. Con el recuerdo del reciente viaje a Europa todavía fresco en la memoria, compramos dos cajas de *naan* para no vernos en los mismos apuros. Este pan no es solo un alimento para los uigures: tiene un profundo significado simbólico. Los recién casados toman *naan* mojado en agua salada. La gente suele invocar el *naan* cuando hace una promesa. El *naan* no se puede poner boca abajo y tampoco pisar. Es un regalo muy apreciado cuando se va de visita. Los mayores dicen que «el *naan* es un buen compañero de viaje» y recomiendan llevarlo siempre. Calculábamos que sería complicado encontrar comida *halal* en Estados Unidos, y aun cuando no lo fuera, nuestros amigos seguramente echarían de menos el pan de su país.

A mediados de septiembre fuimos a Pekín en avión. Pasamos la noche en el hotel del recinto de la Secretaría de Xinjiang y a la mañana siguiente volvimos al Aeropuerto Internacional de la capital y pasamos la aduana sin percances. Tras dieciocho horas de vuelo, aterrizamos en el Aeropuerto Internacional Dulles, en Washington D.C.. En la aduana, un policía señaló las dos cajas de *naan*.

—¿Qué llevan ahí?

—Comida —contesté. Era una de las pocas palabras en inglés que conocía.

—¿Qué tipo de comida? —preguntó.

No sabía cómo explicárselo. Por fortuna, nada más

hacerme la pregunta continuó la conversación que tenía con otro agente y me dio la oportunidad de pensar. Quería explicarle que el *naan* se hacía con trigo y traté de recordar cómo se decía trigo en inglés.

Marhaba se acercó a mí.

—¿Qué te ha dicho?

—Me ha preguntado qué había en la caja —contesté con frustración.

—¿Y por qué no le dices que es *naan?* —contestó, levantando un poco la voz.

En cuanto oyó la palabra *naan,* el policía nos indicó que pasáramos y siguió hablando con su compañero. Me sorprendió y me encantó que un policía de aduanas conociese el *naan.* Jüret y su mujer estaban en la salida de la aduana. Nos esperaban con impaciencia, preocupados porque el retraso pudiera significar que nos había pasado algo.

Los abrazamos y les contamos lo que acababa de ocurrir en la aduana. Nos dijeron que en Estados Unidos prácticamente todo el mundo sabía lo que era el *naan:* no solo lo comían los uigures, también muchas otras comunidades de Asia Central, del sur de Asia y de Oriente Medio.

Había muchos compatriotas instalados en los barrios periféricos de Washington D.C., al norte de Virginia, donde habían creado la mayor comunidad uigur de Estados Unidos. Deduje que esto obedecía a dos motivos. El primero era que en Washington, la capital del país, los uigures encontraban la oportunidad de defender su causa política y por eso la mayoría de los activistas uigures vivían en la zona. El segundo era la Radio Libre de Asia. La emisora, fundada a finales de la década de 1990 para ofrecer noticias sin censura a quienes vivían en países sin libertad de expresión, empezaron a emitir servicios informativos en uigur que tenían una audiencia muy amplia en nuestro país. Varios uigures afincados en Washington trabajaban en los servicios informativos. La comunidad uigur en la capital estadounidense, integrada en un principio por empleados de la radio y activistas políticos, ascendía ya a cuatro o cinco mil personas dedicadas a todo tipo de profesiones.

Así, el norte de Virginia era para el Gobierno chino «un nido de separatistas», hogar de numerosos defensores de la independencia uigur. Los uigures que iban a Washington como turistas recibían la advertencia de las autoridades chinas de no relacionarse con los exiliados ni visitar sus barrios. Las agencias de viajes se encargaban de cumplir la norma.

Por esta razón, en las dos semanas que pasamos en Estados Unidos solo vimos a unas pocas familias con las que teníamos una relación más estrecha. Como es lógico, teníamos que ser discretos en estos encuentros. Entre las personas con quienes nos reunimos había activistas por la libertad de los uigures y algunos empleados de la Radio Libre de Asia, considerada por el Gobierno una «radio enemiga». Otro problema era que los uigures en Estados Unidos recelaban de algunos compatriotas, con la sospecha de que pudieran ser espías del Gobierno chino. Si esto era cierto, debíamos actuar con cautela para evitar que los organismos de la seguridad nacional china supieran con quién nos reuníamos incluso antes de que volviéramos a Urumqi.

Aun así, hablamos mucho con los amigos a los que vimos. La mayoría de ellos no habían vuelto a casa desde que llegaron a Estados Unidos; echaban de menos su país y estaban impacientes por saber de su familia y sus amigos. La situación en casa empeoraba de un día para otro y teníamos pocas buenas noticias que darles. Las conversaciones siempre empezaban con ilusión y terminaban con profundos suspiros.

Jüret era miembro de la junta de la Asociación Uigur en Estados Unidos, y un día invitó a su casa al presidente, Ilshat Hassan, para que nos conociéramos. Charlamos a fondo de las circunstancias de los uigures, la situación de los intelectuales en nuestro país y la de Ilham Tohti en particular. Jüret le contó a Ilshat que estábamos considerando la idea de emigrar a Estados Unidos. Cuando nos despedimos, Ilshat me advirtió: «Sería mejor que no vinierais aquí». Le pregunté por qué lo decía, pero se marchó sin darme explicaciones. Interpreté que un intelectual uigur, como era yo, podía hacer más por su gente quedándose en casa. Aún me acuerdo del aire reflexivo con que Ilshat Hassan me dijo esto.

Unos días más tarde, en la Universidad de Indiana, Kamil vino a recibirnos. Mi viejo amigo y yo nos abrazamos. Su mujer, Munire, seguía en Urumqi, y su hija de nueve años, Tumaris, se alegró tanto de ver a Marhaba como si fuera su madre.

La lectura de poesía se celebró en un auditorio de la primera planta del edificio y estaba abierta al público. Una enorme pantalla en la pared mostraba mi foto junto al título del acto, «El verano es una conspiración», tomado de uno de mis poemas. Había en la sala unas veinte o treinta personas, en su mayoría estudiantes.

Tras una breve presentación de Elise Anderson, dimos paso a la lectura de ocho poemas en uigur y en inglés.

Empecé recitando el poema que daba título al acto. Cuando Elise leyó la traducción al inglés, vi que los estudiantes la escuchaban muy atentos. Yo había escrito este poema en mis años de estudiante, y me invadieron recuerdos de aquellos tiempos: tan llenos de esperanza, de emoción embriagadora y de ganas de vivir. En esa época, nunca me imaginé que algún día recitaría mis poemas en una universidad estadounidense.

A la vuelta de Indiana, Jüret nos llevó de compras a varios centros comerciales. Paseamos por las tiendas mirando los precios. Como era tal la insistencia de Jüret para que emigrásemos, pensamos que nos convenía hacernos una idea del coste de la vida. Nos informamos sobre la situación económica de la comunidad uigur, el precio de la vivienda y la alimentación.

Ese día de compras en Washington, Marhaba no paraba de convertir los precios a renminbi chinos. Me reí de ella por perder el tiempo en una cosa tan inútil, aunque me sorprendió su capacidad de regatear sin saber una palabra de inglés. No se paraba a considerar si el regateo estaba bien visto en un país que apenas conocíamos. En casa, esta implacable costumbre de mi mujer me avergonzaba, y muchas veces me alejaba de ella por incomodidad. Cuando le decía que no estaba bien regatear con tanta agresividad, me contestaba: «¿Nos ha resultado fácil ganar este dinero?». Aunque se tratara de cosas distintas, era cierto que su austeridad y su meticulosa gestión de los asuntos domésticos habían sido de gran ayuda para la estabilidad económica de la familia. Dedicaba mucho tiempo a buscar artículos baratos pero de buena calidad, comparando continuamente los precios en varias tiendas. En su opinión, el tiempo y el esfuerzo valían la pena, y a mí me asombraba esta capacidad suya de memorizar los precios. Para Marhaba esto era un reto y una fuente de orgullo, y se aseguraba de que nuestras hijas siguieran su ejemplo: ellas también compraban con cuidado, sin derrochar.

Si íbamos a empezar una nueva vida en un país desconocido, esta austeridad tendría aún más importancia. Viendo lo hábil que era Marhaba para gestionar la economía doméstica, uno de nuestros amigos afirmó con convicción: «Creo que os irá bien si venís a Estados Unidos». Para una familia que seguía dudando ante la perspectiva de mudarse al extranjero, estas pocas palabras significaban mucho.

13. En el ojo del huracán

Aunque volvimos de ese viaje con muchos buenos recuerdos, no estábamos preparados para dejarlo todo y establecernos en un país desconocido. Sin embargo, en el curso del medio año siguiente, cuando la creciente represión del Estado chino culminó con detenciones de uigures en masa, empezamos a ver las cosas de otro modo. A raíz de la escalofriante experiencia en el sótano de la comisaría, decidimos ir haciendo discretamente los preparativos necesarios para salir del país. Encargamos a Li Yang que nos comprara billetes para Estados Unidos y cambiamos algunos renminbi por dólares en el mercado negro. Teníamos que esperar unas semanas, hasta que nuestras hijas terminaran el curso escolar, para disfrazar el viaje como unas vacaciones en familia. Solo quedaba confiar en que llegaríamos al verano sin contratiempos.

A mediados de junio empezó a hacer calor en Urumqi. Si tenía algo que hacer en la oficina, procuraba ir a última hora de la tarde, cuando por fin refrescaba un poco. Un día pasé la tarde en la oficina y volví a casa a eso de las seis.

Como hacía siempre, salí de la avenida de la Unidad

y tomé la carretera de circunvalación hacia la calle Yong-quan, para girar poco después en Nanwan. Allí, enfrascado en mis pensamientos, noté que el tráfico se había ralentizado. Bajé la ventanilla y asomé la cabeza para ver qué pasaba.

A la izquierda de la calle, vi a la policía militar bajando de unos camiones de techo abierto. Todos llevaban armas automáticas.

En ese momento, tres coches de la policía aparcaron detrás de los camiones. Los agentes que bajaron de los coches empezaron a dar órdenes a las unidades de la policía militar, los dividieron en grupos y les asignaron la vigilancia de distintas calles laterales. Había además siete u ocho miembros del comité del distrito con los distintivos azules al cuello y las carpetas azules en la mano.

Se palpaba la tensión en el ambiente. Estas escenas, que hasta entonces solo habíamos visto en las películas, ahora formaban parte de la vida cotidiana.

A una voz de orden, la policía militar echó a correr por las calles laterales. Se dirigían a las modestas viviendas de los uigures para detenerlos o registrar sus domicilios.

Como ciudad de mayoría han, y como capital que suscitaba cierta atención internacional, en Urumqi el Gobierno siempre había sido menos estricto que en otras zonas de la región, y vivíamos relativamente bien. Ahora, la vida en la capital estaba cambiando de un modo que nunca hubiéramos imaginado. Los aterradores rumores de los últimos meses empezaban a hacerse realidad.

La actividad de mi empresa llevaba un mes interrumpida. Apenas salía de casa, hacía poco más que comer y dormir, y empezaba a sentirme como un cordero al que cebaban antes de llevarlo al matadero. Me afectaba vivir en aquel estado de preocupación constante y estaba cada día más hundido física y anímicamente.

Era incapaz de trabajar. Ni siquiera me concentraba para leer o ver la tele. La idea de escribir poesía me parecía absurda. Mi mujer, mis hijas y yo hablábamos muy poco. Salir a pasear a última hora me daba cierta tranquilidad.

—No tardes mucho, que me preocupo —me recordaba Marhaba todos los días. Tenía miedo de que me detuvieran en la calle y desapareciera.

Eché a andar por la larga avenida. Las calles se teñían de rojo al atardecer.

Aunque siempre salía de casa con la esperanza de que el paseo me brindaría algo de paz, nunca podía quitarme de la cabeza todo lo que estaba ocurriendo en la ciudad. Eran muchas las personas a las que habían obligado a volver a sus lugares de origen o encerrado en los campos de prisioneros. En esta capital, donde los uigures siempre habían sido minoría, ahora eran cada vez menos. Los que quedaban vivían sumidos en el miedo y la angustia.

Seguí paseando. Los barrios uigures de la zona vieja estaban desiertos.

Me encontré con Polat, un conocido que era kashgarí, como yo. También había salido a dar una vuelta después de cenar. Nos saludamos y echamos a andar juntos. Le conté lo que había visto esa misma tarde en la calle Nanwan y, mientras caminábamos, él me contó algo que había ocurrido en su antiguo barrio de Kashgar.

En mayo, el Gobierno exigió a los uigures de Kashgar que entregaran todos los artículos religiosos que tuvieran en casa. Asustada por las detenciones en curso, la mayoría de la gente se desprendió de cualquier objeto relacionado con su fe: libros religiosos, alfombras de oración, rosarios, incluso ropa. Los más devotos no querían separarse de su Corán, pero los vecinos, incluso los familiares, se delataban unos a otros, y quienes conservaban el Corán no tardaban en ser descubiertos, detenidos y sometidos a un castigo severo. Recientemente, en el barrio de Polat, un hombre de más de setenta años descubrió en su casa un Corán que no había encontrado en el momento de dictarse la orden de confiscación. El anciano temía que si lo entregaba a los agentes del distrito le preguntarían por qué no lo había llevado antes, lo acusarían de desviación ideológica y se lo llevarían para castigarlo, así que envolvió el Corán en una bolsa de plástico y lo tiró al río Tuman. Por motivos de seguridad, habían instalado redes de alambre debajo de todos los puentes del río. Al limpiar las redes, encontraron el Corán y lo entregaron a las autoridades. Dentro del libro había una copia del carnet de identidad del anciano. La gente mayor acostumbraba a guardar los documentos importantes en los libros que leía con frecuencia, para tenerlos a mano cuando los necesitaba. La policía no tardó en seguirle el rastro, detenerlo y acusarlo de participación en actividades religiosas ilegales. Acababan de condenarlo a siete años de prisión.

Mientras me contaba el incidente, Polat no paraba de mirar alrededor. Si veía que alguien se acercaba por la acera se callaba de inmediato.

Estas historias eran entonces comunes entre los uigures. Nos las contábamos los unos a los otros en voz baja.

Más o menos en la misma época, Marhaba y yo decidimos hacer una visita a su prima. Fuimos en coche a su apartamento, en el extremo noreste de la ciudad.

Desde 2009, el año en que estalló la oleada de violencia en Urumqi, el Gobierno chino había iniciado una política, conocida como Proyecto de Renovación de los Barrios Degradados, que implicaba la demolición integral de las viviendas de la zona vieja, en su mayoría distritos uigures. El Gobierno realojó en apartamentos baratos de las afueras de la ciudad a muchos de los vecinos que perdieron su casa con las demoliciones.

La prima de Marhaba se había mudado a uno de estos barrios en 2010. Aunque los apartamentos eran de mala calidad, en el mejor de los casos, los inquilinos de las antiguas viviendas demolidas, con su vida arruinada, agradecían tener un sitio donde vivir.

La prima de Marhaba vivía con su hijo en un apartamento de una sola habitación, en el sexto piso. Su marido y ella se habían divorciado tres años antes. Su hijo, Arman, era ingeniero de caminos, licenciado desde hacía dos años. Como tantos otros uigures con estudios universitarios, no encontraba trabajo en su campo y se dedicaba a hacer chapuzas.

Después de cenar, Arman nos contó lo que había pasado en el vecindario los últimos cinco días. El lunes, el comité del distrito y la policía emitieron con carácter urgente una orden conjunta en la ceremonia matinal de izada de la bandera, a la que todos los residentes de todos los barrios de Xinjiang tenían la obligación de asistir a diario. La orden exigía a todos los hogares la entrega de artículos islámicos a los responsables del comité del distrito en un plazo de tres días; quienes la incumplieran tendrían que atenerse a las consecuencias. Cundió el pánico entre los vecinos, y muchos llevaron su Corán, entre otras cosas, a la sede del comité. Otros, por miedo a cometer un pecado al entregar al Estado estos objetos para que los quemaran, escondieron en casa sus libros y alfombras de oración. Pero entonces empezó a rumorearse que la policía tenía un dispositivo especial para detectar los objetos religiosos ocultos. Quienes los habían escondido se aterrorizaron. La noche anterior, en cuanto oscureció, fueron a tirarlos a escondidas por las alcantarillas del edificio. Para no tropezar unos con otros se agazapaban en los portales y esperaban hasta que el vecino anterior se hubiera deshecho de sus cosas; entonces el siguiente salía corriendo, las tiraba y volvía enseguida. Lo hacían muy deprisa, clandestinamente, pero como eran tantos los que tenían cosas que tirar el trasiego duró toda la noche. Algunos salían sin esperar, tropezaban con otros y entonces se refugiaban en el portal. Arman lo estaba viendo todo por la ventana, muerto de risa. Al amanecer se encontraron algunos objetos sagrados tirados sin más en la puerta del edificio. Esa mañana, los funcionarios del comité del distrito y los agentes de policía vinieron a hacer su ronda por los bloques de apartamentos. Preguntaron a los vecinos qué había pasado. Después sacaron de las alcantarillas todo lo que la gente había tirado, lo cargaron en un camión y se lo llevaron.

La confiscación de objetos religiosos, en particular el

Corán y otros libros islámicos, se extendió por toda la ciudad. Marhaba y yo debatimos qué hacer con los libros religiosos que teníamos en casa.

En nuestro apartamento había tres ejemplares del Corán —en uigur, en árabe y en chino—, además de algunas ediciones uigures de otros libros comunes relacionados con el islam. No eran libros prohibidos; todos se habían publicado con autorización del Estado. Pero, de un tiempo a esta parte, muchas cosas que antes eran legales habían dejado de serlo; lo que valía era lo que el Gobierno dijese en cada momento. El Gobierno, para nosotros, eran los miembros del comité del distrito, los agentes de la comisaría o los funcionarios de los órganos de seguridad.

—Guarda esos libros con los demás —propuso Marhaba—. Eres escritor y no deberían poner objeciones si dices que son de uso profesional.

—¿De verdad crees que me creerán si digo eso?

Se detuvo a pensar un momento.

—¿Sería mejor esconderlos? —preguntó.

—¿Y si registran la casa y los encuentran?

—Entonces, ¿qué hacemos?

Por fin decidimos llevar la media docena de libros y nuestras tres alfombrillas de oración a casa de los tíos de Marhaba. Para evitar el riesgo de hablarlo por teléfono, simplemente les dijimos que íbamos a verlos. Antes de salir de casa examinamos los libros a fondo.

Una vez allí les explicamos la situación.

—Bien pensado —dijo la tía de Marhaba—. Guardaremos los libros.

—Somos mayores —añadió su tío—. Dudo que las autoridades se fijen en nosotros. Saben que no somos una amenaza.

Nos quedamos tranquilos.

Al cabo de unos días, cuando estábamos comiendo, llamó mi primo Mustafá desde Kashgar. Se me encogió el corazón. Mustafá solo llamaba si pasaba algo importante. Esos días, con tantas malas noticias de todas partes, yo estaba muy preocupado por mi familia en Kashgar. Así que no me sorprendió que mi primo empezara por preguntarme si sabía dónde estaba la cárcel de mujeres de Ghulja. Pensó que podíamos saberlo, ya que Marhaba era de Ghulja. Le pregunté qué pasaba.

Hacía un mes que habían detenido a su suegra, una mujer de sesenta y tantos años. Seis años antes, uno de sus vecinos había organizado una lectura del Corán para las mujeres del barrio. La suegra de Mustafá no se encontraba muy bien y llegó tarde a la reunión. Como la recitación del Corán ya había empezado y la sala estaba abarrotada, la mujer se arrodilló en el umbral de hormigón de la puerta. Enseguida empezaron a dolerle las piernas y se marchó a casa.

Ese mes de abril, cuando las detenciones en masa estaban en plena ebullición, obligaron a los vecinos de su edificio que aún no habían sido detenidos a reunirse todas las tardes en un salón para estudiar las políticas del Partido. En el curso de estas sesiones, las autoridades presionaban a los asistentes para que se delataran unos a otros. A su suegra la habían denunciado y detenido por el delito de pasar cinco minutos arrodillada en ese umbral seis años antes.

El día anterior, la familia se enteró de que la habían condenado a cinco años de prisión y trasladado a la cárcel de mujeres de Ghulja. La información no les llegó por los canales oficiales sino por las indagaciones que habían hecho a lo largo del mes, y necesitaban confirmarla. Su familia confiaba como mínimo en localizarla, visitarla y llevarle medicinas y otras cosas necesarias.

Por desgracia, no sabíamos nada de la cárcel de mujeres de Ghulja. Le dije a Mustafá que sentía no poder ayudarlo y nos despedimos.

La tía de Marhaba me llamó una noche hacia finales de junio. Después de saludarnos me explicó el motivo de la llamada.

—Se avecina tormenta en el barrio, así que me he deshecho de esas cosas.

Tenía la voz tensa. Comprendí a qué tormenta se refería: los registros domiciliarios seguramente habían llegado a su zona. Después de tantos años de represión política, los uigures nos habíamos acostumbrado a hablar en clave. Una campaña política era una «tormenta»; de las personas que desaparecían en el curso de una Campaña de Mano Dura se decía que «se las había llevado el viento». Un «invitado» en casa era normalmente un agente de seguridad. Los detenidos estaban «en el hospital»; los días de tratamiento correspondían a los años de condena.

—¿De qué cosas? —pregunté.

La tía de Marhaba bajó la voz.

—De las que trajisteis el otro día.

Los visitábamos a menudo y, según la costumbre uigur, normalmente llevábamos comida o regalos. Con tanto caos, me costó un momento entenderla.

—¿Qué cosas llevamos? Dímelo.

—¡Esos libros! ¡Los libros! —contestó de mala gana, bajando aún más la voz a pesar del enfado.

—¿Qué has hecho con ellos? —pregunté, sin poder ocultar mi malestar.

—No preguntes. Ya lo hemos resuelto.

Me puse a imaginar todas las maneras posibles de deshacerse de los libros. ¿Los habían quemado, tirado, o quizá escondido? Incapaz de quitármelo de la cabeza, me acordé de mi amigo Kamil, que años antes había tenido problemas por culpa de un libro.

14. Vendrán a detenerme a media noche

A mediodía del último día de junio, estábamos Marhaba y yo en el cuarto de estar, deliberando con desgana qué hacer para comer. Nos sentíamos desanimados, hacía bochorno y nada nos parecía apetecible. Al final decidimos no cocinar y tomar solo un poco de té con leche, *naan* y ensalada. Empezamos a preparar la comida en silencio.

De repente, Marhaba dijo:

—Hace una semana que no sé nada de Munire. Le dejo mensajes de voz en WeChat y no contesta. ¿Crees que les habrá pasado algo?

Me quedé algo preocupado. Munire y su marido, Kamil, eran muy buenos amigos nuestros.

Llevábamos dos meses presenciando las detenciones en masa de uigures en la ciudad. El miedo estaba en todas partes. Por este motivo, veíamos con regularidad a nuestra familia y a nuestros amigos íntimos. No podíamos proteger a nadie de una detención, pero nos daba cierta tranquilidad estar en contacto frecuente.

Munire y Marhaba hablaban casi a diario. No era normal que Munire llevase tanto tiempo sin dar señales de vida.

—Déjale otro mensaje —propuse—. A lo mejor responde.

Marhaba cogió el teléfono.

—*Salam*, Munire, ¿qué tal estás? Te he enviado varios mensajes y no sé nada de ti… Estamos un poco preocupados. Si estás ahí, dime algo, por favor.

Poco después llamó Munire.

—¿Qué tal, Marhaba? Estoy aquí. —Parecía desanimada.

—¿Cómo está Kamil? Tahir pregunta por él.

—Kamil no está.

—¿Qué le ha pasado? ¿No se habrá ido?

—Déjalo estar de momento. Estoy algo pachucha. Ya hablaremos.

Kamil y yo habíamos estudiado juntos en Kashgar, en el Instituto Uigur, y luego en la Universidad Central de las Nacionalidades de Pekín. En Pekín compartimos ideas y experiencias, y nos hicimos amigos. Kamil era un joven equilibrado, honesto y muy trabajador. Le interesaba la lingüística y la filosofía. Cuando terminé los estudios, en 1992, me quedé a trabajar en Pekín; Kamil se licenció un año más tarde y volvió a Urumqi, donde encontró trabajo en un centro de investigación. Poco después yo también volví a casa, y nos veíamos a menudo. Kamil conoció a Munire en esa época y no tardaron en casarse. Siempre habían sido felices juntos.

En febrero de 2016, Kamil consiguió una beca del Ministerio de Educación para pasar un año en la Universidad de Indiana como profesor invitado. Su hija, Tumaris, se marchó con él y se matriculó en un colegio. Munire fue a verlos y se quedó más de un mes en Indiana. Mientras estaban allí, varios amigos les aconsejaron que no volvieran, a la vista del empeoramiento de la situación política en la región uigur. Cuando Marhaba y yo estuvimos en la Universidad de Indiana, hablamos de esto con Kamil. Yo también creía que lo mejor para ellos era quedarse en Estados Unidos, pero Marhaba no dijo nada.

La decisión no era nada fácil. Antes de que Kamil se fuera de China, el Gobierno le exigió presentar la garantía de dos amigos; si Kamil no volvía, los castigarían a ellos. Kamil no quería vivir con ese cargo de conciencia. Además, si se quedaba con su familia en Indiana, el Gobierno requisaría su apartamento en Urumqi y embargaría su salario. Tardarían alrededor de un año en conseguir la residencia y el permiso de trabajo para ganarse la vida. La economía familiar se vería muy mermada a lo largo de ese año.

Kamil era un intelectual muy prudente. Al final decidió no quedarse en Indiana. Terminó su estancia en el extranjero y en febrero de 2017 volvió a Urumqi con su hija. Las detenciones en masa empezaron el mes siguiente.

En mayo fuimos a Turpan con la familia de Kamil. La excursión de dos días fue muy agradable, sobre todo para nuestras hijas. Tumaris había echado de menos su país mientras estuvo en Estados Unidos, y Aséna y Almila lo pasaban bien con ella.

En Turpan visitamos un huerto, y Kamil y yo nos pusimos a charlar mientras comíamos albaricoques. Me dijo que le preocupaba acabar preso en el curso de las detenciones en masa. Le pregunté por qué. En otoño de 2013, me explicó, había asistido a un congreso académico en Turquía, invitado por la Asociación de la Ruta de la Seda y la oenegé Hogares Turcos. Este fue su primer viaje al exterior. Recientemente se había enterado de que el Gobierno chino había incluido a Hogares Turcos en su lista negra de «organizaciones extranjeras separatistas». Aunque para asistir al congreso tuvo que hacer el papeleo necesario y obtener el permiso del centro de investigación donde trabajaba y de la policía, muchas cosas que antes se permitían ahora se consideraban inaceptables, incluso eran delito.

En septiembre de 2014, Kamil se sumó a otros cien ciudadanos chinos para participar en un programa de intercambio en Estados Unidos, de un mes de duración, promovido por el prestigioso Plan de Liderazgo Internacional del Departamento de Estado. También en esta ocasión, con la invitación de la embajada estadounidense en China, recibió el permiso de su centro de trabajo y los correspondientes organismos de asuntos exteriores. Aun así, unos agentes del Departamento de Seguridad Nacional de la Región Autónoma se reunieron con él antes del viaje y a su regreso. Esa temporada también había vivido con miedo.

Cuando salíamos del huerto, me dijo en voz baja:

—Antes del último viaje a Estados Unidos, y luego cuando volví a casa, los agentes de la seguridad nacional vinieron a hablar conmigo, como la última vez. Tuve que contarles todo lo que había hecho allí. No creo que vaya a causarme problemas. No hice nada que pueda preocuparme. —Y entonces añadió con pesimismo—. Pero sigo nervioso por lo del congreso de Turquía.

Kamil no sabía si acabaría arrepintiéndose de no haberse quedado en Indiana, pero ya no había marcha atrás. Según el acuerdo entre los Gobiernos chino y estadounidense, cuando los profesores invitados regresaban a China, tenían que esperar dos años para volver a Estados Unidos. Además, en cuanto llegó a casa, en su centro de trabajo le confiscaron el pasaporte. Por aquel entonces ya habían confiscado los pasaportes de todos los uigures que trabajaban en organismos públicos.

Por estos motivos, y quizá por otros que desconocíamos, Kamil y Munire discutían mucho desde que él había vuelto. Un día que Marhaba y yo estuvimos en su casa, salió el tema de Estados Unidos, intercambiaron algunos comentarios cortantes y discutieron acaloradamente delante de nosotros. Ahora, después de la conversación de Marhaba con Munire en WeChat, pensamos que habría pasado algo similar. Decidimos ir a verlos en los siguientes días para ayudarlos a resolver sus diferencias.

El domingo por la mañana llamamos a Munire para decirle que pasaríamos a verlos, y esa misma tarde fuimos a su casa.

El centro de investigación de Kamil estaba construido alrededor de un agradable patio cerrado. Como muchos de sus colegas, Kamil vivía en uno de los bloques de apartamentos del patio, a unos cien metros de su puesto de trabajo.

Aparqué delante del patio de Kamil. Tumaris estaba jugando allí con otros niños. Al vernos vino corriendo y nos dijo que su madre estaba en casa. Luego volvió a jugar con sus amigos.

Vivían en el tercer piso. Munire abrió la puerta. Tenía muy mala cara y su inquietud era palpable. Nos invitó a sentarnos en el sofá del cuarto de estar e intercambiamos los habituales comentarios de cortesía.

—¿Kamil no está en casa? —pregunté.

Munire se llevó inmediatamente el dedo índice a los labios y señaló el techo con la mano izquierda. Era evidente lo que quería decir: que no nombrase a Kamil, porque podía haber micrófonos en el apartamento. Comprendimos al instante la gravedad de la situación.

—¿Por qué no bajamos al patio? —propuso Munire con cansancio.

Salimos del edificio. El aire estaba cargado de humedad. En el parque de juegos había varias mujeres uigures sentadas en un banco largo, charlando a la sombra. Munire las evitó y nos llevó a otro banco algo más lejos. En cuanto nos sentamos, rompió a llorar. Nos dolía mucho verla así y no sabíamos qué decir. Al cabo de un rato, se secó las lágrimas y nos contó en voz baja lo que había pasado.

El lunes, 19 de junio, a eso de las cinco de la tarde, terminó de preparar la cena y le envió un mensaje a Kamil, que estaba en la oficina: «La cena está lista».

«Voy enseguida», contestó él. Pero media hora más tarde Kamil seguía sin aparecer.

Munire volvió a escribirle. «La cena se está enfriando. ¿Dónde estás?»

Esta vez, Kamil dijo: «Empezad sin mí. Cenaré más tarde». Curiosamente, escribió en chino, no en uigur.

Pasó otra media hora. Munire empezaba a preocuparse. «¿Estás bien? ¿Por qué tardas tanto?»

Esta vez Kamil no respondió. Munire bajó a la calle, fue al edificio de Kamil y miró al cuarto piso, donde él trabajaba. No había luz en las ventanas. Entonces llamó a Kamil directamente, pero no contestó. Llamó a Ghalip, un compañero de trabajo de Kamil, para preguntarle por él. Ghalip le dijo que tenían que hablar en persona. Vivía en el mismo patio, y Munire fue a la entrada de su edificio. Ghalip bajó y le contó lo que había ocurrido esa tarde.

Alrededor de las cuatro, mientras Kamil, Ghalip y su colega Esqer estaban trabajando en la oficina, Kamil recibió una llamada de teléfono. Cuando terminó de hablar estaba blanco. Salió de la oficina, muy nervioso y bajó por las escaleras. Ghalip y Esqer, presintiendo que algo no iba bien, se asomaron a mirar por la ventana y vieron que tres hombres se llevaban a Kamil en un coche. Supusieron que eran agentes de la seguridad nacional.

Munire llamó de nuevo a Kamil en cuanto volvió a casa. No contestaba. Le escribió, y esta vez sí tuvo respuesta. Estaba bien; la policía tenía que hacerle unas preguntas y volvería cuando hubieran terminado. Pero desde entonces no había vuelto a escribir.

Dos días más tarde, tres policías llevaron a Kamil a casa. Uno de ellos se llevó a Munire al parque del edificio y se quedó con ella esperando mientras los otros dos subían con Kamil al apartamento. Dos horas después, los policías salieron con Kamil y su ordenador. Se marcharon. Munire volvió a casa y lo encontró todo patas arriba. Habían abierto armarios, cajones, cómodas y maletas. Incluso habían desmantelado el colchón y el armazón de la cama, que estaban tirados en el suelo del dormitorio. Los libros y los papeles de Kamil estaban desperdigados por todas partes. Después de dos horas de registro, la policía solo se había llevado el ordenador portátil de Kamil. Munire no tenía la menor idea de lo que buscaban.

Al día siguiente recibió un mensaje de Kamil: «Me llevan a Kashgar» —decía en chino—. Por favor, tráeme algo de ropa». Munire tenía una hora para presentarse en la puerta del recinto de la Academia de Ciencias, cerca de la sede del Departamento de Seguridad Nacional de la Región Autónoma. Un agente la esperaría allí. Munire volvió a escribir para preguntarle a Kamil qué necesitaba, pero no recibió respuesta.

Nuestra amiga llevó la ropa. Kamil estaba retenido en un apartamento de uno de los edificios de la Academia de Ciencias. Nada más ver a Munire se echó a llorar. No era capaz de hablar. El policía le dijo a Munire que confiara en que el Gobierno resolvería la situación con justicia; entretanto no podía preguntar por Kamil. Si fuera necesario, ellos se pondrían en contacto con ella. La mandaron a casa. Desde entonces no sabía nada de Kamil. No tenía la menor idea de qué le había pasado.

Noté un sudor frío en la espalda. Marhaba estaba pálida. Le dijimos a Munire que contara con nuestra ayuda en lo que pudiéramos y le ofrecimos todas las palabras de consuelo que se nos ocurrieron. Pero todo lo que decíamos para tranquilizarla parecía totalmente falso e inútil.

Antes de que nos marcháramos, Munire nos pidió que no se lo contáramos a nadie. Normalmente había dos motivos para ocultarlo. El primero, fuera cual fuera la causa de la detención y al margen de si era justa o injusta, la gente miraba con extremo recelo a los detenidos. Si detenían a alguien de una familia, en especial por motivos políticos, quienes se enteraban se sentían incómodos con esa familia, incluso la evitaban. El segundo era que, en el caso de que la persona detenida quedara pronto en libertad, nadie lo descubriría. Sería como si no hubiera ocurrido. Pero si la detención se prolongaba, era imposible ocultarlo. Todo el mundo lo entendía. Prometimos no contárselo a nadie. Además, no queríamos ser portadores de malas noticias.

Cuando nos despedimos de Munire y ya íbamos hacia el coche, Tumaris vino corriendo a decirnos adiós. Al verla tan contenta, pensé que Munire le había ocultado la situación de su padre. Incluso si lo sabía, quizá era demasiado pequeña para comprender la gravedad del asunto.

Empezaba a oscurecer. El crepúsculo cubría el cielo. La gente volvía a casa apresuradamente.

Tomé la carretera de circunvalación. Marhaba sabía que la detención de Kamil era un golpe muy duro para mí. No dijimos palabra en todo el camino.

Años antes, cuando volví de Pekín y empecé a trabajar de profesor en Urumqi, Kamil me había hablado de una colección de seis libros escritos en chino que había en la biblioteca de su instituto. Eran reproducciones mimeográficas editadas para el uso exclusivo del centro, con el título de *Estudios sobre el panislamismo y el panturquismo*. Se habían compilado con el propósito de «purgar el veneno» de estas ideas políticas en la región uigur y contribuir a la lucha contra el «separatismo étnico». Dos de los volúmenes eran traducciones de trabajos de académicos extranjeros sobre la cuestión uigur. El Gobierno solo permitía el acceso a estos libros y documentos a funcionarios e investigadores autorizados; los demás rara vez teníamos la oportunidad de verlos. A mí me interesaban mucho estos textos, y le pedí a Kamil que me prestara dos volúmenes de la biblioteca. Cuando terminé de leerlos, estaba tan liado con los preparativos para viajar al extranjero que me olvidé de devolvérselos.

Poco después, cuando mis planes de estudiar en Turquía concluyeron con mi detención en la frontera china, mis interrogadores me preguntaron quién estaba al corriente de mi viaje. Contesté que Kamil y otro amigo mío conocían mis planes. Luego registraron mi despacho en el instituto de Urumqi y encontraron esos dos libros. Kamil estaba en un grave aprieto. Cuando me interrogaron a lo largo del mes siguiente, a él también lo citaron varias veces por sorpresa. Al final, viendo que no encontraban pruebas de un delito que justificara ponerme a disposición judicial, dejaron de interrogar a Kamil. Me retuvieron y luego, sin juicio, me mandaron al campo de trabajo.

Iba pensando en todo esto a la vuelta de casa de Kamil y Munire. Lo habitual, cuando detenían a un uigur, era que la policía vigilase a otras personas relacionadas con el caso, además de a la familia y los amigos íntimos del detenido.

Esa noche, después de que nuestras hijas se acostaran, saqué del zapatero un par de botas recias y las dejé detrás de la puerta. Luego busqué en el armario del dormitorio y escogí entre la ropa de invierno unos vaqueros, una sudadera y un abrigo holgado. Guardé una toalla pequeña en el bolsillo del abrigo. Estaba doblando la ropa encima de la cama cuando Marhaba terminó lo que estaba haciendo y entró en el dormitorio. Me miró con sorpresa.

—¿Qué haces?

—Preparándome, por si acaso.

—¿Para qué?

—Podrían venir también a por mí. Si me detienen, quiero ir con ropa de abrigo.

—¿Lo dices por lo que le ha pasado a Kamil?

—Podría ser por eso o podría ser por otra cosa. Tengo un presentimiento.

—No te asustes. No te va a pasar nada.

—Sabes perfectamente que no te crees lo que dices. Estos meses, estos días, no hay nada que no pueda pasarnos. —Seguí doblando la ropa—. Sabes que a quienes estuvieron conmigo en el campo de trabajo hace veinte años ya han vuelto a detenerlos. Nunca he estado tan preocupado como ahora.

Marhaba se quedó mirando la ropa con tristeza.

—Mejor llévate la sudadera negra; abriga más.

—Es demasiado gruesa. No puedo ir por ahí con una sudadera tan gruesa ahora que estamos casi en julio —dije en broma. Dejé el montón de ropa doblada al lado de la cama.

Desde que habían empezado las detenciones en masa, a la mayoría de los uigures detenidos los llamaban por teléfono para que se presentaran en el comité del distrito o en la comisaría y luego se los llevaban. Pero a algunos, particularmente a los intelectuales, iban a buscarlos a casa a media noche. Me llegaban noticias de que la policía llamaba a la puerta de la persona a la que planeaban detener pasada la medianoche. Cuando esta abría la puerta, la policía confirmaba su nombre, le ponía las esposas y se la llevaba. Ni siquiera le dejaba coger algo de ropa; salía de casa con lo puesto. A algunos se los habían llevado en pijama.

Todos sabíamos lo que ocurría a continuación. La policía encerraba al detenido en la celda de una cárcel o en un campo de prisioneros, donde solo había un techo, cuatro paredes gruesas, una cámara de vigilancia en cada esquina, una puerta de hierro y un frío suelo de cemento. Si pasabas calor podías quitarte la ropa, pero si tenías frío no podías hacer nada. Era una consideración práctica a tener en cuenta incluso en pleno verano. Si alguien llamaba a mi puerta a media noche, me pondría esa ropa de abrigo y esas botas antes de abrir. Aunque a Kamil lo habían detenido de día, tenía el presentimiento de que vendrían a por mí de noche.

Marhaba y yo nos quedamos callados un momento. Estábamos acostados en la cama.

—¿Por qué crees que han detenido a Kamil? —preguntó.

—Le he estado dando vueltas pero no consigo encontrar ningún motivo. Puede que ni el propio Kamil lo sepa.

Volvimos a quedarnos callados. Apagué la luz.

—Voy a pedirte una cosa —dije—, y tienes que prometerme que lo harás.

—¿Qué es? Dímelo primero.

—Esto es importante —insistí—. Promételo primero.

—De acuerdo —asintió en voz baja.

—Si me detienen, no pierdas la calma. No preguntes por mí, no pidas ayuda, no gastes dinero intentando sacarme. Esta vez nada es como antes. Están tramando algo más oscuro. No notifican nada a las familias ni dan información en las comisarías. Así que no te molestes en preguntar. Ocúpate de los asuntos familiares, cuida bien de nuestras hijas y asegúrate de que la vida sigue como si yo estuviera en casa. La prisión no me da miedo. Lo que me da miedo es que tú y las niñas tengáis dificultades y sufráis cuando yo no esté. Por eso quiero que recuerdes lo que te digo.

—¿Por qué hablas como si fueran a ejecutarte? —preguntó Marhaba con inquietud.

—Sabes el número PIN de mis tarjetas de crédito —añadí.

Marhaba se echó a llorar. Yo había apagado la luz para no ver sus lágrimas. En aquella oscuridad total, solo se oían sus suaves sollozos.

Pasé la semana siguiente preparado para que me detuvieran. Llamamos a Munire tres veces para saber si había noticas de Kamil. No había ninguna. Teníamos la creciente impresión de que a Munire no le gustaba que preguntásemos, y dejamos de llamar.

Transcurrió una semana sin incidentes. Pensé que el momento más peligroso había pasado y me tranquilicé ligeramente. De todos modos, seguía teniendo la ropa preparada al lado de la cama.

Resultó que no era el único que dormía con un juego de ropa de abrigo a mano. Una tarde, cuando salí a comprar leche a la tienda que había enfrente de casa, me encontré con Adil, un joven traductor al que conocía. Desde que había terminado sus estudios en el Departamento de Literatura Uigur de la Universidad de Xinjiang, hacía ya cinco años, Adil no había conseguido encontrar trabajo en lo suyo y se ganaba la vida como traductor de árabe y turco. Últimamente estaba asustado. Sus contactos en el extranjero, sus viajes, incluso el hecho de tener familia o amigos en otros países, ahora eran motivo suficiente para que detuvieran a un uigur, más todavía si esos otros países eran musulmanes. Aunque él nunca había estado en Turquía ni en ningún país árabe, y había aprendido los idiomas por su cuenta, en Urumqi, temía estar en peligro.

Luego, por supuesto, hablamos de conocidos a los que habían detenido. Adil me contó que desde hacía un mes dormía con un juego de ropa de abrigo al lado de la cama, y le dije que yo también. Según él, muchos conocidos y amigos suyos también tenían ropa de abrigo preparada por si iban a buscarlos. Era una situación macabra pero absurda, y nos reímos.

15. La puerta se cierra

Dormía cada vez peor. Me pasaba la noche dando vueltas en la cama, entre el sueño y la vigilia. Me adentraba en un laberinto de pensamientos que se diluía en sueños extraños. Aunque me levantaba muy tarde, siempre estaba entumecido y cansado.

Un día me desperté a eso de las nueve. Seguía adormilado cuando sonó el teléfono, pero al ver que era Güljan me espabilé como si me hubieran echado un cubo de agua fría en la cabeza. Desde hacía unos meses, una simple llamada como esta había sido el pretexto para que ordenaran a la gente presentarse en la comisaría o el comité del distrito y de allí se la llevaran «a estudiar».

Güljan me dijo que nos presentáramos en el comité dentro de una hora. Que no llegáramos tarde. Cuando le pregunté cuál era el motivo, debió de notar mi nerviosismo. Me aseguró que solo querían que rellenáramos un formulario. Nada más.

Llegamos a la hora exacta. Entramos en una sala grande, con varios despachos a los lados. Yo conocía al jefe del comité y también a la agente de policía del distrito.

La mayoría de los cuadros trabajaban en la sala principal. No había mucha gente en ese momento.

Güljan nos estaba esperando. Llamó a Adile, la agente de policía del distrito, y esta nos entregó cuatro impresos de un documento: «Formulario de Recogida de Información Vecinal», con el nombre escrito en chino. Adile le indicó a Güljan que había que rellenar los formularios inmediatamente y con exactitud. Luego entró en su despacho.

Yo había oído hablar de este formulario. Prácticamente todo el mundo lo había rellenado desde principios de abril. La gente decía que se usaba para preparar el terreno de las detenciones en masa, que comenzaron poco después. Se había extendido la creencia de que los datos del formulario se introducían en la famosa Plataforma Integrada de Operaciones Conjuntas. A lo largo de los últimos meses, varias personas me preguntaron si había rellenado el formulario y se sorprendieron al saber que no. No entendía por qué tardaban tanto en citarnos, pero no me servía de nada pensar en eso.

Güljan nos llevó a una mesa grande que había en el centro de la oficina.

—Dejadme que os ayude, para ahorrar tiempo. Yo rellenaré vuestros formularios y vosotros los de vuestras hijas. Ya tengo toda la información básica; os pediré los datos que me falten.

Nos explicó qué partes del formulario debíamos rellenar y qué otras completarían las autoridades. Revisó con eficacia los documentos que llevaba siempre en su carpeta azul y enseguida localizó los nuestros y empezó a cumplimentar los formularios.

Examiné el documento atentamente. Incluso empleando al máximo los concisos caracteres chinos, el formulario era tan extenso que había que escribir en los márgenes. Había seis secciones: Información básica, Rastreo de movimientos, Creencias religiosas, Pasaporte, Estabilidad, Permiso de conducir y Documentación del vehículo. Cada sección iba acompañada de una serie de casillas, a cuál más siniestra. Era evidente que el formulario estaba hecho para los uigures.

En el margen superior derecho, debajo del epígrafe «Datos de interés» se agrupaban cinco categorías en una lista vertical: «persona de interés», «miembro de un grupo especial», «familiar de un individuo bajo custodia», «familiar de una persona condenada» e «incluido en la Plataforma Integrada de Operaciones Conjuntas». Había que marcar las casillas correspondientes a cada categoría.

Debajo, en la categoría de «Información clave», había otra lista vertical de nueve puntos: «uigur», «desempleado», «en posesión de pasaporte», «reza a diario», «ha recibido educación religiosa», «ha viajado a alguno de estos veintiséis países», «tiempo excesivo fuera del país», «tiene contactos en el extranjero» y «menores sin escolarizar en la familia». Cada uno de estos puntos iba seguido de su correspondiente casilla.

Bastaba con echar un vistazo para ver que los catorce puntos de estos dos epígrafes servían para hacer una evaluación política de la persona. Cada vez que se marcaba una de las casillas, la calificación de la persona disminuía y esta se acercaba un paso más al peligro.

En el margen inferior derecho, bajo el epígrafe «Tipo de persona», había tres categorías: «fiable», «dudosa», «no fiable». Las tres iban seguidas de una casilla. Resumiendo todos los datos del formulario, estas tres categorías eran el punto más importante. Corría el rumor de que si una persona recibía la calificación de «no fiable», incluso de «dudosa», la enviaban «a estudiar». Era decisivo que nos calificaran de «fiables». Había que rellenar cada casilla con sumo cuidado.

—¿Cuál es su religión? —preguntó Güljan de repente, mirándome de un modo algo extraño. Había llegado a esa parte de mi formulario.

—Ninguna —respondí sin vacilación. Marhaba me miró con sorpresa—. Nuestra familia no cree en ninguna religión —añadí.

Marhaba comprendió mis intenciones y asintió rápidamente para corroborar mi respuesta, pero no se atrevió a decir nada. Aunque Güljan sabía que mentíamos, siguió rellenando el formulario sin hacer comentarios. Adile salió de su despacho y se nos acercó. Echó un vistazo a los formularios y volvió a retirarse.

—¿Han estado en alguno de los veintiséis países? —preguntó Güljan.

—¿Qué veintiséis países? —dije.

Sacó rápidamente un papel de su carpeta y me lo pasó. En el papel decía, en chino: «Los veintiséis países relacionados con el terrorismo son: Argelia, Afganistán, Azerbaiyán, Egipto, Pakistán, Kazajistán, Kirguizistán, Kenia, Libia, Sudán del Sur, Nigeria, Arabia Saudí, Somalia, Tayikistán, Turquía, Turkmenistán, Uzbekistán, Siria, Yemen, Iraq, Irán, Malasia, Indonesia, Tailandia, Rusia y los Emiratos Árabes Unidos».

Dicho de otro modo, para el Estado chino cualquier uigur que hubiera estado en alguno de los veintiséis países era sospechoso de vinculación con el terrorismo. El terrorismo, según el Gobierno, tenía su origen en estos países.

—El año pasado hicimos un viaje en grupo por Europa y pasamos por Turquía —dije, tratando de quitarle importancia.

—Eso también cuenta —contestó Güljan, en un tono cortante, sin levantar la cabeza del formulario.

Esta arrogancia era habitual entre los cuadros del Partido Comunista y los agentes de policía, pero me sorprendió un poco en ella, que siempre me había parecido amable y algo tímida. Me desanimé.

Una vez rellenados los formularios, Güljan los leyó despacio. Luego, Marhaba y yo los firmamos.

Cuando salimos de la sede del comité ya era mediodía. Echamos a andar hacia casa.

—Dios, perdónanos —susurró Marhaba.

En aquel ambiente, cada vez más siniestro, hacíamos lo posible por encontrar pequeños momentos de felicidad, especialmente para nuestras hijas.

Un sábado por la tarde que hacía buen tiempo, Aséna y Almila nos pidieron salir a dar un paseo a Tengritag, un parque que acababan de abrir cerca de casa. Pasamos por el control de seguridad y vimos que había muy poca gente en el parque. En nuestro barrio vivían muchos emigrantes; a unos los habían detenido y a otros los habían obligado a volver a sus lugares de origen.

Los árboles recién plantados aún no tenían el tamaño suficiente para dar sombra, y el sol caía de lleno sobre el parque seco. A pesar de todo, nuestras hijas estaban disfrutando y también nosotros nos animamos un poco.

Paseando nos encontramos con un antiguo conocido que también había ido al parque con su hijo.

—Eh, ¿seguís todos bien? —preguntó sonriendo nada más verme—. ¿Todavía no os han llevado «a estudiar»?

Sabía que yo había pasado un tiempo en la cárcel. Me estremecí.

—Aún no —guardé la compostura y bromeé—. Supongo que no tengo suficientes méritos para ir «a estudiar».

Había tocado nuestro mayor miedo. Debió de darse cuenta del lapsus al instante. Nos informó, sin que hiciera ninguna falta, de que había ido a pasear con su hijo y se despidió a toda prisa. A Marhaba se le nubló la expresión. Estaba indignada. Incluso el pequeño placer del paseo se había fastidiado.

Al día siguiente por la tarde yo estaba en mi oficina, distraído. El dolor y la preocupación por la detención de Kamil seguían consumiéndome.

Sonó mi teléfono móvil. Al ver que era Adile, me levanté de un salto, muy nervioso. Mi inquietud no era infundada: Adile me comunicó que nuestra familia —mi mujer, mi hija Aséna y yo— teníamos que entregarle los pasaportes el día siguiente por la mañana. Su tono era inflexible.

El momento que yo tanto temía, el que esperaba que no llegase nunca, había llegado por fin.

Esos pasaportes, junto con los visados estadounidenses, válidos por diez años, eran nuestra única puerta hacia la libertad. Las detenciones en masa nos iban cercando poco a poco, y perderlos significaba que esa puerta se cerraría a cal y canto.

La noticia nos devastó.

—¿Por qué? —dijo Aséna con rabia—. ¿Por qué nos quitan los pasaportes? —Se echó a llorar.

—Nos los dieron y pueden quitárnoslos cuando quieran —contesté, principalmente para mí mismo.

Esa noche no pegué ojo. Desde que se habían generalizado las detenciones, en el sur se rumoreaba que quienes habían estado en el extranjero eran los primeros en desaparecer. Se confiscaban todos los pasaportes. Yo me había preguntado sin parar si estas políticas se aplicarían también en Urumqi.

A finales de mayo, a través de un conocido, me había puesto en contacto con un joven policía uigur que trabajaba en la oficina de empadronamiento municipal. Lo invité a comer en el restaurante de kebab más famoso de la ciudad. Mientras tomábamos unas brochetas de cordero asado, le pregunté si había oído que estuvieran confiscando los pasaportes en Urumqi. Me dijo que no tenía noticia y que lo más probable era que allí no se hiciera eso. Sus palabras me dieron cierta tranquilidad y seguimos adelante con los preparativos del viaje.

El plan era pasar las vacaciones de verano en Estados Unidos. Ya teníamos cuatro billetes, de ida y vuelta, para demostrar a las autoridades que volveríamos a casa. El Gobierno chino, del que intentábamos escapar, no toleraba la idea de que pudiéramos abandonarlo, y el estadounidense, que nos había concedido los visados a regañadientes, tampoco nos quería en su país. Esto nos llevó a preguntarnos cuánto valíamos.

Como las fechas de viaje coincidían con la temporada alta, los billetes nos costaron mucho. Habíamos gastado una parte importante de nuestros ahorros en conseguir los pasaportes y los visados. Pero esto solo era dinero. Lo grave era que la puerta se había cerrado para nosotros, nuestras esperanzas se habían esfumado.

Tenía que encontrar el modo de conservar los pasaportes.

Analicé la cuestión desde todos los ángulos posibles y al final decidí que el pretexto más convincente y eficaz sería decir que íbamos por motivos de salud. En la cama y a oscuras, empecé a buscar en el móvil información de ciudadanos chinos que buscaban tratamiento médico en Estados Unidos. Hubo algo que llamó mi atención: muchos padres llevaban allí a sus hijos epilépticos para que los trataran.

¡Eso era! ¡Epilepsia, epilepsia con ataques nocturnos! Me pareció una buena excusa. Si decíamos que íbamos para tratar la epilepsia de Aséna, nuestra hija mayor, y que ya habíamos comprado los billetes, quizá consiguiéramos conservar los pasaportes.

Podíamos decir que la epilepsia se manifestaba de noche, que no se lo habíamos dicho a nadie, ni siquiera a la familia, para evitar habladurías, y habíamos organizado el tratamiento en secreto. En la sociedad uigur, la gente suele ser muy reservada en cuestiones de salud, y las dolencias neurológicas y psicológicas tienen cierto estigma. Nos creerían.

Me emocionó tener un plan. Cerré los ojos con cierto alivio. Por fin veía un destello de luz en las tinieblas.

Por la mañana, les conté mi idea a Marhaba y a las niñas.

—¿Otra vez tengo que ponerme enferma? —dijo Aséna.

Se acordaba de esa vez, hacía tres años, que tuvo que inventarse un problema en el oído izquierdo para quedarse un año sin ir al colegio, estudiando inglés en casa.

—Necesitamos que hagas este sacrificio por la libertad

de la familia —dije con una sonrisa. Abrí los brazos—. Ven aquí, mi niña lista.

Aséna se acurrucó entre mis brazos. Le acaricié los hombros flacos.

—De acuerdo —asintió—. Si tengo que volver a ponerme enferma lo haré.

Marhaba dudaba.

—¿Nos creerán si decimos eso?

—Hay que intentarlo —insistí—. Si no ofrecemos algún motivo tendremos que quedarnos aquí y aceptar nuestro destino.

Esa mañana, sobre las diez, llamamos a Adile. Nos dijo que estaba ocupada resolviendo un asunto en el bloque de al lado y que nos veríamos allí. Marhaba y yo fuimos para allá. Este bloque de apartamentos estaba adosado al nuestro, y la mayoría de los vecinos también eran uigures.

Se estaba celebrando una asamblea en el patio del recinto, sobre la cuestión de la estabilidad en los barrios de la ciudad. Había cerca de trescientas personas, claramente vecinos del bloque convocados por el comité del distrito. Entre los asistentes vi a algunos representantes de los órganos de Gobierno local y también cuadros del comité. Los transeúntes se detenían un momento y observaban la reunión con curiosidad.

Un oficial han, flanqueado por dos cuadros, hablaba deprisa por un micrófono. Mientras pasábamos junto a la multitud, oímos decir a alguien en voz baja que el orador era el vicealcalde. La policía se ocupaba de la seguridad, rodeando la plaza a intervalos de veinte o treinta metros.

Encontramos a Adile entre la gente. En un tono muy

abatido, le explicamos que teníamos previsto ir a Estados Unidos en julio para tratar la enfermedad de Aséna y que ya habíamos comprado los billetes. Le imploramos que no nos retirase los pasaportes. Nos dijo que la orden de retirar los pasaportes venía de arriba y nadie podía evitarlo. Sin embargo, añadió que comprendía la situación y que después de principios de julio —unas fechas que se consideraban delicadas desde la ola de violencia de julio de 2009 en Urumqi— podíamos presentar un certificado médico de la enfermedad de Aséna y solicitar la devolución de los pasaportes.

Es decir, la luz de la esperanza no se había apagado por completo.

—¿Y el pasaporte de Almila, nuestra hija menor? —pregunté. No había terminado de decirlo cuando caí en la cuenta del error.

—Ya hemos dado parte de todos los que estaban en la lista —contestó con confianza—. Si no está en la lista esta vez, quizá esté en la siguiente.

Cuando volvíamos a casa, Marhaba me echó la bronca por hacer esa pregunta.

Durante un mes hasta mediados de julio, hablé prácticamente con todos mis conocidos en los hospitales de Urumqi. Viendo que no era suficiente, recurrí a médicos conocidos de familiares y amigos. Naturalmente, si les decía que necesitaba un certificado médico de la enfermedad de mi hija para que nos devolvieran los pasaportes no se atreverían a ayudarnos. La palabra «pasaporte» se había vuelto aterradora. Mucha gente estaba en campos de prisioneros por el mero hecho de tener uno. Algunos se asustaron tanto que entregaron voluntariamente el pasaporte en la comisaría o el comité del distrito sin esperar a que se lo pidieran. Los que nunca lo habían solicitado se jactaban de haber hecho lo mejor, decían que el Gobierno solo había permitido a los uigures tener pasaporte para luego llenar las redes con más peces. Así, puse el vago pretexto de que «mi hija necesitaba una nota de un médico para el colegio».

Dice un refrán chino: «Un problema que se puede resolver con dinero no es un problema». Al final encontré a tres personas dispuestas a ayudarme por dinero. Uno era un neurólogo, el segundo era un técnico de escáner cerebral y el tercero, un administrativo de un hospital. Los necesitábamos a los tres para reunir la documentación necesaria. Nos costó bastante caro pero lo conseguimos.

A mediados de julio me reuní con Adile. Menos de un mes después de que empezaran a confiscar los pasaportes en Urumqi, las autoridades policiales dispusieron un procedimiento especial para solicitar su devolución. Rellené los formularios, adjunté una carta de solicitud de una página, junto con la documentación médica, y le entregué los papeles a Adile.

A finales de julio, sin ninguna respuesta todavía de las autoridades, mi ansiedad crecía por momentos. Si intentaba leer me desconcentraba y tenía que volver varias veces sobre la misma frase, hasta que me desesperaba y cerraba el libro. Si intentaba ver una película, aunque no apartara los ojos de la pantalla, no me enteraba. Tenía tal cantidad de cosas en la cabeza que no quedaba sitio para nada.

Llamé a Adile para preguntarle por los trámites. Me dijo que de esos asuntos se ocupaba un agente del Departamento de Seguridad Nacional de la policía de distrito:

se llamaba Zhang, y tendría que preguntárselo a él. Llamé al número que me indicó Adile, y Zhang me informó de que se había emitido una orden: nadie que hubiera viajado al extranjero podía recuperar su pasaporte. Mi solicitud, por tanto, había sido denegada.

Me puse enfermo. Todo nuestro trabajo no había servido de nada. Teníamos que renunciar a la esperanza de salir del país y afrontar nuestro destino.

Cuerpo

Luego del agua del exilio
luego de los encuentros clandestinos
luego de la profunda colisión
luego de los abrazos extraños
luego de solidificarse como el hielo
luego de un infinito triturar
luego de rodar en silencio
luego de tanto fastidioso pulir
y
luego de tantos inútiles olvidos
al final
los granos de la arena se volvieron piedra

16. El apartamento

Desde el comienzo de las detenciones en masa, Marhaba y yo decidimos que, para estar preparados ante cualquier contingencia, teníamos que vender nuestro apartamento. En aquel estado de caos, sabíamos que la venta no sería rápida y contratamos los servicios de una agencia inmobiliaria. Empezó entonces la espera de que alguien nos hiciera una oferta.

Más o menos en las mismas fechas, Reyhan, la prima de Marhaba, vino a vernos con su marido, Ismail, para hablar de un asunto importante. En aquellos días «un asunto importante» era motivo de preocupación para todo el mundo.

Reyhan e Ismail llevaban diez años viviendo en Urumqi, desde que se casaron, habían comprado un apartamento y trabajaban en el negocio de exportación textil entre China y Asia Central. Pero seguían empadronados en Ghulja, su ciudad de origen. A las personas que no estaban empadronadas en Urumqi las expulsaban de la capital, pero habían oído decir que si compraban una vivienda, la agencia inmobiliaria se ocupaba de trasladar el empadronamiento. Creían que empadronarse en la capital les proporcionaría cierta seguridad. Habían decidido apostarlo todo a la compra de un segundo apartamento y querían nuestro consejo.

—Que yo sepa, el empadronamiento en Urumqi está paralizado desde hace un año —dije—. Uno puede darse de baja aquí pero no darse de alta.

Ismail me contestó como un hombre de negocios.

—Tahir, *aka,* tú eres un intelectual. Piensas en todo con principios. Pero el dinero resuelve muchos problemas.

—De acuerdo, digamos que os empadronáis en Urumqi. Aquí también están deteniendo a la gente.

—La situación en Ghulja es horrorosa; Urumqi es mucho más seguro. Aquí la ola no se ha llevado por delante a ninguno de nuestros amigos.

En realidad no venían a pedirnos consejo, sino con la esperanza de que los acompañáramos como intérpretes en su búsqueda de apartamento. Marhaba insistió en que los ayudáramos. Al final accedí a ir con ellos e intentarlo.

Al día siguiente, fuimos los cuatro a los nuevos barrios del norte de la ciudad y empezamos la ronda en varios edificios. A pesar de que las viviendas seguían en construcción, algunas ya se habían vendido.

En cada edificio nos recibía amablemente un director han, y una joven atractiva nos enseñaba un piso piloto. Primero vimos la distribución y el tamaño, y luego preguntamos en qué planta se encontraba la vivienda y qué orientación tenía. Solo entonces hicimos la pregunta de si era posible trasladar el empadronamiento a Urumqi en el caso de que compráramos el apartamento. La joven nos llevó a hablar con el director, y este nos dijo que

podían trasladar el empadronamiento de los compradores, pero antes tenía que confirmarlo con la policía. Prometió llamarnos al día siguiente. Por la cara que puso al
decirlo, estaba claro que no iba a funcionar. La misma
escena se repitió en cuatro oficinas de venta a lo largo
de esa semana agotadora. Tal como yo suponía, nadie
volvió a llamarnos.

Ismail, que no estaba dispuesto a renunciar, me pidió
que llamara al primer director que prometió ponerse en
contacto con nosotros. Me explicó que las normas eran
muy estrictas, la policía estaba atareadísima y aún no
había podido hablar con nadie en la comisaría. Dicho
esto dio la conversación por concluida. No le quedaba
ni una pizca del entusiasmo con que nos recibió el primer día.

Reyhan e Ismail aceptaron finalmente la derrota. Nos
sentamos, agotados, en el sofá de nuestro cuarto de
estar.

—Ya veremos qué pasa —dijo Ismail. Y nos sorprendió a todos diciendo—: Si pudiera, solicitaría la nacionalidad han para todos, costase lo que costase.

Lo miramos atónitos. Últimamente habíamos oído que
algunos uigures estaban considerando la posibilidad de
cambiar de nacionalidad. Yo pensaba que unos lo decían
muy en serio y otros con ironía. Aun así, todos hablaban
con la desesperación de los impotentes.

En condiciones normales, habría sido inconcebible que
un uigur dijera algo similar. Conocía a uigures casados
con han, a uigures con buenos amigos han, a uigures que
miraban a los suyos por encima del hombro, incluso a
uigures que se despreciaban por serlo, pero antes de las
detenciones en masa, nunca había visto o sabido de un

uigur dispuesto a renunciar a su identidad para convertirse en han.

Viendo nuestra expresión de sorpresa y desconcierto, Ismail dudó unos momentos. Luego puso una mueca traviesa: «¡Ja, ja, os lo habéis creído!». Nos reímos de puros nervios.

A mediados de mayo, encontramos a unos posibles compradores para el apartamento. Parecían gente sencilla y trabajadora: eran una pareja de mediana edad, de un pueblo del sur, que llevaban más de una década trabajando como panaderos en Urumqi. Tenían tres hijos.

La agencia inmobiliaria organizó una visita al apartamento. Marhaba y yo los recibimos con cordialidad. Les enseñamos la casa y lo miraron todo atentamente sin decir palabra. Por la cara que puso la mujer, supe que le gustaba la vivienda, pero no quería que se le notara por miedo a que subiéramos el precio.

No tardamos en terminar de enseñarles el apartamento y acordar un precio. Como teníamos previsto irnos pronto del país, Marhaba y yo no regateamos demasiado y se lo vendimos por debajo del precio de mercado. Además, la pareja llevaba más de una década en esta ciudad extraña para ellos, haciendo *naan* y ahorrando, y nos impresionaron su determinación y su ética del esfuerzo. Incluimos en el precio los muebles y enseres domésticos.

Firmamos un contrato preliminar. Nos darían un tercio del dinero en metálico, y el resto cuando les concedieran la hipoteca. Al cabo de tres semanas de papeleo entre el banco y la agencia, fuimos con la pareja de panaderos a la Oficina de Gestión Inmobiliaria de Urumqi. Esperamos los cuatro varias horas en la cola y firmamos varios documentos. Ya solo quedaba la firma de la escritura de propiedad a su nombre.

Entonces, un funcionario nos informó de que la Agencia de Seguridad Pública investigaría los antecedentes políticos de los compradores en el plazo de treinta días hábiles. Esto nos dejó a los cuatro en vilo.

El trámite era del todo nuevo; no teníamos conocimiento de que ningún amigo que hubiera comprado o vendido una vivienda se hubiera visto en esta situación.

—Se acabó —le dije a Marhaba—. Todo nuestro esfuerzo a la basura.

Los panaderos estaban empadronados en su pueblo. Dado que a casi todos los inmigrantes en Urumqi ya les habían ordenado volver a su lugar de origen, me sorprendió que ellos se hubieran librado. Me parecía imposible que la policía les diera permiso para comprar un apartamento en la capital.

Cuando salimos del vestíbulo, Marhaba les dijo en voz baja.

—No habrán detenido o encarcelado a ningún familiar suyo por delitos políticos, ¿verdad?

—No, ni mucho menos —dijo el marido tajantemente.

—¿No condenaron el año pasado a ese tal Dawutakun de tu familia? —saltó su mujer.

El marido la contradijo sin rodeos.

—A Dawutakun no lo condenaron por un delito político, lo condenaron por enviar a su hijo a una escuela religiosa.

Al oír esto, zanjé el debate rápidamente. Estábamos rodeados de gente; si alguien nos oía podíamos tener problemas.

Marhaba y yo nos resignamos a la idea de que los

panaderos no podrían comprar el apartamento. Por otro lado, llegados a este punto, lo único que podíamos hacer era esperar.

Mes y medio más tarde, la agencia inmobiliaria nos comunicó que tenían noticias de la Agencia de Seguridad Pública: ¡los panaderos habían superado la investigación policial! Sonreí para mí con asombro. Costaba creer en la buena suerte en un momento como aquel.

Por fin pudimos completar el papeleo de la venta. Poco después, los panaderos recibieron el préstamo y depositaron el dinero pendiente en mi cuenta bancaria. Habíamos vendido la casa.

Aunque habíamos puesto el apartamento en venta con la idea de estar preparados si decidíamos salir del país, nos habían confiscado los pasaportes a finales de junio, mientras esperábamos que la policía analizara los antecedentes políticos de los panaderos. Vendido el apartamento y sin pasaportes, de pronto nos vimos en la calle. A sugerencia de Marhaba, nos resignamos a buscar un apartamento.

Con el trabajo totalmente paralizado en mi empresa, poco más podíamos hacer. Empezamos a buscar viviendas de nueva construcción en el barrio. Mientras la encontrábamos teníamos que alquilar algo.

Marhaba ya había perdido por completo la esperanza de recuperar los pasaportes, pero yo seguía sin darme por vencido. Tenía el presentimiento de que era posible. Así, insistí en alquilar en el mismo bloque de edificios. Si nos alejábamos de allí quedaríamos bajo la jurisdicción de otro comité de distrito, incluso nos obligarían a empadronarnos en otra comisaría. Esto complicaría aún más los trámites para recuperar los pasaportes.

Vimos varios apartamentos en alquiler, pero ninguno nos convencía. Poco después la dueña de una tienda uigur del bloque nos recomendó un apartamento.

Al día siguiente fuimos a verlo. La dueña era una uigur de unos cuarenta y cinco años. La vivienda tenía dos dormitorios, estaba muy bien decorada y amueblada con cama, sofá y todos los electrodomésticos. Nos dijo que tenía varios apartamentos en la ciudad, y este lo había decorado pensando en una pareja de recién casados, y estaba a estrenar. Por la pinta que tenía todo, decía la verdad. Nos gustó el apartamento. Le dije a Marhaba, en broma, que si lo alquilábamos a lo mejor volvíamos a sentirnos como recién casados.

A juzgar por su aspecto, podría haber pensado que la dueña era funcionaria. Sin embargo, la mayoría de los funcionarios uigures de Urumqi no tenían capacidad para comprar varios apartamentos con su salario. Marhaba le preguntó en qué trabajaba. Dijo que era empresaria y se quejó de que el empeoramiento de la situación política había afectado a sus negocios. Por eso había pasado los dos últimos meses con su hijo, en Canadá, dónde él estudiaba. Pero no dejaban de llamarla del comité del distrito de Urumqi, y al final tuvo que volver. Dos días antes, nada más llegar, había entregado su pasaporte a la policía.

—¡Todo por culpa de esos separatistas de ultramar!

Marhaba y yo nos quedamos unos momentos sin palabras. «Separatista» era el término que empleaba el Gobierno chino para atacar a los uigures que reclamaban un Estado independiente. Aunque los uigures también lo empleaban en el cumplimiento de sus funciones de Gobierno, en la vida cotidiana no era común.

—Al cabecilla de los separatistas lo han detenido en Italia. ¡Espero que le den su merecido! —La empresaria se acaloraba por momentos—. ¡Todos pagamos las consecuencias de sus actos absurdos! —Abrió las cortinas con rabia, de un tirón. Marhaba me miró.

—¿A quién han detenido? —pregunté con curiosidad.

—¡Al maldito Dolkun Isa! —contestó, como si hablara de un marido tras un divorcio amargo.

Dolkun Isa era el secretario general del Congreso Mundial Uigur, con sede en Múnich. Más adelante supe que la policía italiana lo había detenido unas horas cuando intentaba asistir a una conferencia en Roma.

Después de esta diatriba sobre los separatistas perdimos todo el interés por el apartamento. Para que no se notara, fingimos y seguimos mirando.

—Es un poco pequeño —dijimos por fin— y la renta algo cara. Lo pensaremos.

Y salimos de allí.

A la mujer le sorprendió un poco la pérdida de interés repentina por un apartamento que nos gustaba tanto, pero no me dio la impresión de que adivinara el motivo del rechazo. Cuando nos despedimos, seguía roja de ira por los separatistas de ultramar.

Al cabo de unos días, encontramos un apartamento que nos venía bien en el mismo bloque de edificios. El dueño era un comerciante kazajo que hacía negocios entre China y Kazajistán. Pero el comité del distrito nos denegó el permiso de alquiler.

Desde los incidentes violentos de 2009, muchos residentes han se habían trasladado del centro a la Ciudad Nueva, a la vez que muchos uigures hacían el camino inverso. Urumqi era una ciudad cada vez más segregada. Poco después, el Gobierno adoptó la política de «Barrios de Integración». Allí donde las minorías alcanzaban más del treinta por ciento de la población, no se permitía a los miembros de ninguna minoría comprar o alquilar viviendas. El objetivo de la medida era romper las comunidades uigures y desperdigar a los uigures entre la población han.

Cuando nos denegaron el permiso de alquiler, empezamos a preguntar a amigos y conocidos si tenían algún contacto en el comité del distrito. Al final supimos que un antiguo compañero de clase trabajaba en la subdelegación del comité. Este individuo era pariente lejano de Marhaba, y habló con el subdelegado en nuestro nombre. Tras muchas dificultades conseguimos el permiso para alquilar el apartamento.

Pagamos seis meses por adelantado y tardamos tres días en hacer la mudanza. No desembalamos nada más que lo imprescindible para instalarnos: cacharros de cocina, unos platos y ropa. Dejamos las maletas y las bolsas en un dormitorio, las cajas de libros y los cuadros en otro, y montamos la cama en el tercero para Marhaba y para mí. Aséna y Almila dormirían en el sofá del cuarto de estar. Amontonamos en el cuarto de estar los sacos de plástico con la ropa de cama, la vajilla y la cristalería embalada en cartones, entre otros enseres, y los dejamos allí sin abrir, tal como los habíamos llevado.

Cuando terminamos la mudanza, Marhaba y yo nos hundimos por última vez en el sofá que les habíamos regalado a los panaderos, en el cuarto de estar de nuestra antigua casa. Marhaba lo miraba todo con nostalgia. Cada rincón de este hogar estaba lleno de recuerdos familiares. Sabíamos que dejarlo significaba que nuestra vida había llegado a un punto de inflexión.

17. No hay adioses

Rodeado de incertidumbre y angustia, me sentía ingrá-
vido, como si flotara sobre la superficie del tiempo. Me
pasaba horas en el sofá, con la mente en blanco.

—Me preocupa cuando te vuelves tan introvertido
—me decía Marhaba—. No te lo tomes tan a pecho.
Todo esto pasará. Seguro que Dios nos protege.

Después de que nos denegaran la solicitud para recuperar los pasaportes, había estado ocupado viendo apartamentos. Habían pasado un par de semanas cuando
llamé a Adile para pedirle que me devolviera la documentación que le habíamos entregado. Era un disparate
dejar documentos falsos en manos de la policía. Adile
me dijo que había llevado los documentos a la comisaría
y que podía pasar a recogerlos allí.

—Por cierto —añadió como de pasada—, nos ha llegado una nueva orden de arriba. Quienes tengan asuntos
urgentes ahora pueden solicitar la devolución de los
pasaportes. ¿Qué quieren hacer?

No me lo podía creer.

—En ese caso, volveremos a presentar la solicitud
—contesté muy deprisa, como si temiera que cambiase

de opinión antes de que yo hubiera terminado de decirlo—. Si es usted tan amable de ayudarnos de nuevo.

—Las vacaciones de verano casi han terminado —observó—. ¿Tendrán tiempo suficiente?

Mi respuesta fue firme.

—La salud de mi hija es lo más importante. Llegaremos a tiempo.

Volvía a vislumbrar una esperanza.

Al día siguiente fui al despacho de Adile. Rellené el formulario de solicitud de devolución de los pasaportes y se lo entregué. Ya solo quedaba esperar.

Para no ir contando los días, Marhaba propuso ir a Ghulja, su ciudad. Yo quería quedarme en Urumqi, esperando noticias de nuestros pasaportes.

Marhaba me animó a acompañarla.

—Si nos los devuelven nos avisarán. ¿No podemos volver en cuanto lo sepamos?

—Con esta gente nunca se sabe —repliqué—. Si nos llaman para decir que podemos recoger los pasaportes y no vamos enseguida, es muy posible que la policía cambie de opinión antes de que volvamos de Ghulja. Yo me quedo aquí.

Cuando supieron que yo no iba, mis hijas también decidieron quedarse. Marhaba se fue sola.

Los días se hacían interminables. Comíamos casi siempre fuera de casa. Marhaba normalmente les tenía prohibido a las niñas comer demasiados condimentos; ahora que su madre no estaba, se aprovecharon de mi debilidad y disfrutaron de sus platos favoritos, fritos y con pimienta.

La rutina diaria de comer, dormir y comer, resultaba cada vez más tediosa. Aparte de las comidas, Aséna y Almila no salían de casa.

En aquellos días de apática espera, mis paseos por el barrio hasta la tienda de Almas después de cenar se volvieron aún más frecuentes. Desde que Almas abrió la tienda de comestibles, un par de años antes, varios amigos nos reuníamos allí a menudo y comprábamos algo para echarle una mano. Su negocio siempre iba mal, pero él estaba seguro de que la situación mejoraría.

Cuando entraba en la tienda, normalmente lo encontraba sentado a una mesa, enfrente de la puerta, traduciendo la *Historia de la Filosofía Occidental* de Bertrand Russell del chino al uigur, con su brazalete rojo de «Seguridad».

Fue por aquel entonces cuando Almas conoció a Mejmut, un policía uigur de la Brigada de Seguridad Nacional de la Agencia de Seguridad Pública. Una vez lo vi charlando con varios amigos en la tienda de Almas.

A Almas le gustaba su amistad con Mejmut, incluso le producía cierto orgullo. Cuando le pregunté de qué le servía hacerse amigo de un agente de la seguridad del Estado, me contestó que podía «resultar útil». Nunca olvidaré la sonrisa ladina con que lo dijo.

Almas tenía motivos para creer esto. En los últimos años, cada vez más gente entablaba amistad con funcionarios del Partido o agentes de policía por interés personal o como una especie de póliza de seguro.

Una tarde de mediados de agosto, Almas y yo nos reunimos en su tienda con otros tres amigos íntimos. Nos quedamos hablando mucho rato. La conversación fue muy inquietante.

Estábamos conmocionados por las detenciones, que continuaban desde el mes de marzo sin interrupción. En particular, se rumoreaba que estaban deteniendo a todos los intelectuales uigures, uno tras otro. Por otro lado, en ese momento era imposible diferenciar lo que era cierto y lo que no lo era. Cuando nos llegaba la noticia de que habían detenido a alguien, siempre preguntábamos cuál era el motivo, pero nada más formular la pregunta nos dábamos cuenta de lo absurda que era. Sabíamos perfectamente que la inmensa mayoría de las detenciones se basaban en delitos inventados. Vivíamos asustados, conscientes de que podían detenernos en cualquier momento por cualquier pretexto.

Como todo el mundo fumaba sin parar, el ambiente de la tienda se cargaba de humo y a cada rato teníamos que abrir la puerta para ventilar. Por miedo a que los transeúntes nos oyeran, la cerrábamos enseguida y, si entraba algún cliente, interrumpíamos la conversación hasta que se marchaba. Estuvimos hablando cerca de tres horas.

—Me gustaría que los chinos conquistaran el mundo —dijo de repente uno de mis amigos.

—¿Por qué dices eso? —preguntó otro.

—Al mundo le trae sin cuidado lo que nos pase —añadió el primero—. El mundo no entiende lo que pasa en China. Ya que no vamos a ser libres de todos modos, que el mundo entero pruebe lo que es vivir subyugado.

—Parece que tu deseo se va a hacer realidad —señaló un tercero.

Como de costumbre, esa noche no llegamos a ninguna conclusión y nos preparamos de mala gana para volver a casa simplemente porque se había hecho tarde. No nos reuníamos para resolver los problemas que nos afectaban, sino para intercambiar opiniones y compartir nuestras preocupaciones.

Según cierta costumbre uigur, a la muerte del padre o de la madre, los hijos reciben la visita de familiares y allegados. Todos preguntan cómo se ha producido la muerte, y los hijos ofrecen siempre el mismo relato. La pena se atenúa con la repetición. Nuestras conversaciones en la tienda de Almas eran iguales. De un tiempo a esta parte parecía que nos hubiéramos vuelto adictos a compartir pesares.

Esa noche, cuando nos despedimos al salir de la tienda, me llevé a un lado a mi amigo Perhat Tursun. En un aparte discreto le conté que habían detenido a Kamil. Le había prometido a Munire no hablar de esto con nadie, pero Perhat era un amigo muy cercano de Kamil y mío, y pensé que tenía que saberlo.

La reacción de Perhat no fue nada explosiva. Como si no encontrara las palabras, puso cara de tristeza y murmuró:

—¡Dios mío! ¿Qué me estás diciendo? —la noticia era un golpe añadido para un hombre que ya estaba sufriendo. Nos quedamos callados.

—¿Has venido en coche? —pregunté, para cambiar de tema.

—No —dijo, mirando hacia el lado oscuro de la calle. Supuse que Perhat había contado con que esa noche beberíamos. Aunque en realidad nadie tenía ganas de beber, habíamos comprado un par de botellas de vino tinto en la tienda de Almas, para no sentarnos con las manos vacías.

—Ven, vamos a la calle principal para que busques un taxi —dije, indicándole con un gesto que viniera conmigo.

—No hace falta. Volveré andando por las calles secundarias.

—¿Para qué? Andando tardarás una hora.

—Me han dicho que ahora tengo que alejarme de la gente, para que nadie pueda denunciarme. Iré por las calles secundarias. Últimamente apenas salgo de casa como no sea para trabajar.

—¿Por qué iban a denunciarte? —insistí, sin poder evitarlo. Pero antes de haber terminado la pregunta comprendí lo absurda que era y, tendiéndole la mano, añadí—: Muy bien. ¡Cuídate!

Como nos veíamos muy a menudo, normalmente no nos despedíamos con un apretón de manos. Perhat dudó un momento. Luego me dio la mano con desgana. La noté fría y sin vida.

Esta quizá fuera la última vez que nos veíamos, y yo quería dar un fuerte abrazo a mi querido amigo. Pero no podía.

Con la cabeza ligeramente ladeada, como era su costumbre, echó a andar deprisa hacia las calles secundarias. Me quedé mirándolo hasta que se esfumó en la oscuridad.

Esa noche, cuando nos despedimos delante de la tienda de Almas, me habría gustado mucho decirles a todos mis amigos unas palabras nacidas del corazón, pero tuve que aguantarme las ganas. Si conseguíamos recuperar los pasaportes, mi familia y yo haríamos un viaje sin retorno. Tenía claro que si lograba entrar en Estados Unidos solicitaría asilo político, y eso me convertiría en enemigo del Partido Comunista Chino, en enemigo del Estado.

Sabía por experiencia que si la policía se enteraba de que alguno de mis amigos estaba al corriente de mi viaje al extranjero o se había despedido de mí definitivamente le harían la vida imposible: en el mejor de los casos lo someterían a semanas de interrogatorios; con menos suerte lo enviarían a los campos de detención. No podía permitir que mis amigos corrieran ese peligro por culpa mía. Si me iba, tendría que irme sin decir palabra.

Cuando solicitamos por segunda vez la devolución de los pasaportes me sentía optimista: teníamos posibilidades. Marhaba propuso que fuéramos a Kashgar a despedirnos de mis padres. Por más que lo deseaba, la prudencia me obligó a decir que no. Según mi madre, el comité de distrito había instalado una cámara en la puerta de cada apartamento de su edificio. Obligaron a los vecinos a pagar el precio de las cámaras: mis padres tuvieron que entregar 280 yuanes en el comité para que les instalaran una cámara en la puerta. La función de las cámaras era controlar quién entraba y salía de cada vivienda. Como hacía falta mucha gente para visionar tantas horas de grabación, el comité de distrito contrató a un puñado de parias a cambio de un salario de miseria. Estos pobres diablos, creyéndose policías, disfrutaban a lo grande de su trabajo.

Prácticamente todos los vecinos del bloque de mis padres sabían que yo había estado en la cárcel. Si iba por allí, los idiotas que vigilaban la cámara de su apartamento podían reconocerme y denunciarme. O alguien podía denunciarme para cumplir con su deber de delación en las reuniones políticas nocturnas de asistencia obligatoria que se celebraban en el barrio. Tanto mis padres como yo nos veríamos en apuros.

Dos décadas antes, cuando tenía veintiséis años, no les dije a mis padres que me iba a estudiar al extranjero. Después de que me detuvieran en la frontera y de pasar tres años en prisión volví a casa, en Kashgar.

Un día de verano, mi padre y yo nos sentamos en el patio a tomar un té a la sombra de la parra, que empezaba a desprenderse de sus hojas amarillas. De pronto, mi padre dijo: «Hijo mío, antes de embarcarse en un largo viaje, todo el mundo tiene que recibir la bendición de sus padres».

No pude beberme el té. Quise que se me tragara la tierra de vergüenza. El orgullo que sentían mis padres por el hecho de que yo hubiera ido a la Universidad de Pekín y encontrado un buen trabajo como profesor era tan grande como su pena cuando me detuvieron, me encarcelaron y me privaron de mi puesto de trabajo por motivos que a ellos les resultaban incomprensibles. Me dolieron tanto estas palabras de mi padre que me prometí no volver a embarcarme jamás en un largo viaje sin despedirme de mi madre y de él.

Y también esta segunda vez, que probablemente sería la definitiva, tenía que irme sin decir adiós, sin recibir su bendición. Tal vez sea mi destino en esta vida separarme de mis seres queridos sin adioses.

18. Viaje de ida

Los días transcurrían muy despacio mientras esperábamos noticias de la policía sobre los pasaportes. Pasar las horas de la mañana a la noche era un suplicio. Una tarde, como en otras ocasiones, salí de casa alrededor de las seis. Me llamaron la atención tres hombres, dos de etnia han y un uigur, que fumaban delante de nuestro edificio, sentados en un banco. A mediodía, cuando salí a comer con mis hijas, también los había visto en el mismo banco. Ya entonces algo me hizo sospechar que eran policías de paisano. Mis sospechas se acrecentaron al verlos de nuevo.

Estuve paseando una hora y al entrar en el patio vi que los tres seguían en el mismo sitio. Esta vez decidí acercarme discretamente para verlos de cerca. Al pasar a su lado me fijé en un bulto que tenía en la cintura el que estaba más cerca de mí. Por debajo de la camisa blanca asomaba la culata de la pistola que llevaba en la cartuchera medio abierta. Me eché a temblar. Tuve la sensación de que estaban ahí expresamente para vigilarme. Pasé de largo rápidamente, ocultando mi malestar.

Nada más llegar a casa llamé a Marhaba. No me atrevía a hablar del asunto por teléfono y me conformé con preguntarle escuetamente cómo estaba. Tampoco les dije nada a mis hijas. Me quedé hasta medianoche desvelado, con un tumulto de pensamientos y especulaciones en la cabeza. Cuando vi que pasaban las doce sin que nadie llamase a la puerta me tranquilicé un poco. Aun así, me acosté vestido.

Al día siguiente, nada más levantarme, salí a ver si los policías seguían en el patio. Se habían marchado.

Pasaron unos días. El martes, me levanté alrededor de las nueve. Estaba entumecido y cansado, como si hubiera hecho un gran esfuerzo físico.

Fui al cuarto de estar. Las cosas del antiguo apartamento estaban amontonadas en el centro. La imagen era deprimente.

Aséna y Almila seguían dormidas en el sofá. No me apetecía lavarme la cara ni desayunar. Me dejé caer en una silla y me puse a mirar los grupos de WeChat en el móvil.

Entró una llamada. Era Marhaba, desde Ghulja.

—¿Qué haces? —Parecía muy animada. Era evidente que pasar unos días en casa con su familia y amigas le había sentado bien.

—Nada, aquí sentado —dije, con desgana.

—¿Y las niñas?

—Siguen durmiendo.

—¿No hay noticias de la policía?

—No.

—Me han llamado —anunció—. Me han dicho que podemos pasar a recoger los pasaportes.

—¿Qué? — quería asegurarme de que lo había entendido bien.

—Nos devuelven los pasaportes.

—No me gastes bromas.

—No es una broma, ¡es verdad! —me aseguró con emoción.

Aséna levantó la cabeza del sofá.

—Papá, ¿nos devuelven los pasaportes?

—¡Sí! —No podía ocultar mi alegría.

Almila también se había despertado al oírnos. Las dos se pusieron a dar saltos en el sofá y a gritar de felicidad.

—Ve ahora mismo a por ellos —dijo Marhaba—. Ahora te paso el número del agente que me ha llamado. Puedes recogerlos en la nueva sede de la Administración Municipal. Ah, y no te olvides de llevar el carnet de identidad.

—De acuerdo. Voy enseguida. Y tú ponte en marcha también... coge el tren hoy mismo. Si no hay tren, ¡ven en avión!

Sin apenas lavarme la cara, les dije a mis hijas que desayunaran y salí corriendo al coche.

—¡Ve despacio, papá! —me advirtió Aséna cuando ya me marchaba—. No vayas a tener un accidente con la emoción.

—Dios no lo quiera. ¡No tientes al destino!

Tenía el coche aparcado delante de casa. Arranqué y salí a toda velocidad.

En el vestíbulo del edificio de servicios administrativos había varias secciones de oficinas municipales. Fui a la Agencia de Seguridad Pública de Urumqi y le dije a la policía que atendía en la ventanilla que iba a recoger nuestros pasaportes. Me indicó que pasara a un despacho, donde una agente han de mediana edad estaba distraída con su teléfono. Le expliqué a qué iba. Me pidió el carnet de identidad, cogió de la mesa un libro de registro y buscó nuestros nombres. Los encontró en la tercera página y comparó entonces detenidamente el nombre de mi carnet de identidad con el que figuraba en el registro. Me pidió que firmara al lado de mi nombre.

Luego abrió un cajón lleno de pasaportes, sacó uno y me lo dio. Era el de Aséna. Le dije que habíamos solicitado la devolución de tres documentos. Me comunicó que solo se había autorizado uno.

Estaba fuera de mí.

—Vuelva a comprobarlo, por favor —le rogué—. Solicitamos tres pasaportes, para que mi hija pueda recibir tratamiento médico en el extranjero.

Se levantó de mala gana y localizó los documentos de solicitud en el archivador de los pasaportes. Volvió al asiento y examinó despacio la primera de las más de diez páginas del expediente.

—Tiene usted razón, son tres pasaportes —murmuró—. ¿Por qué solo han anotado uno en el registro?

Gracias a Dios, me dije.

Abrió otra vez el cajón de los pasaportes. Cotejó los números de los formularios de solicitud con los números pegados a los pasaportes, localizó enseguida los dos que faltaban y me los entregó. Con los tres documentos en la mano, le di las gracias mil veces y salí de allí.

Fue un milagro.

No había dado más que unos pasos cuando oí que la policía me llamaba, nerviosa.

—¡Eh! ¡Eh! ¿Es suya esta bolsa?

Di media vuelta y vi que la mujer salía de la oficina

precipitadamente. Parecía asustada, como si hubiera una bomba en la bolsa. Con la emoción, la había olvidado allí.

Le pedí disculpas, volví inmediatamente a recoger la bolsa de la silla y salí de nuevo.

—¿Lleva dinero en esa bolsa? —me preguntó en broma un policía han que atendía en el mostrador y lo había presenciado todo.

—No tengo dinero —contesté—. Solo tengo mi vida.

Ni siquiera se me ocurrió guardar los pasaportes en la bolsa en vez de llevarlos en la mano mientras iba hacia la salida. Dos jóvenes uigures que esperaban en un banco en el centro del vestíbulo me miraron boquiabiertos al ver los pasaportes. Parecía como si hubieran visto un fantasma, así de siniestros se habían vuelto los pasaportes para los uigures.

Salí del gigantesco edificio a un paso tan rápido que apenas notaba si mis pies tocaban el suelo.

En cuanto me vi en la calle llamé a Marhaba. Estaba en casa de una amiga.

—¿Los has conseguido? —preguntó en voz baja, cuidando de que nadie la oyera, pero aun así noté su profunda emoción.

Le pedí que fuera a algún sitio donde pudiera hablar en privado. Decidimos salir en el plazo de tres días, y Marhaba empezó a prepararse para volver a Urumqi en el primer tren.

En el coche llamé a Li Yang. Le conté que habíamos recuperado los pasaportes y le pedí que comprara cuatro billetes a Estados Unidos, para dentro de tres días.

—¿Estás seguro? No quiero que tengas que anular los billetes y te lleves un chasco como la última vez.

—Precisamente por eso necesitamos sacarlos lo antes posible y marcharnos.

Li Yang estaba al tanto de que nos habían retirado los pasaportes y habíamos intentado recuperarlos. Nos ayudó a comprar los billetes para el viaje anterior y, cuando tuvimos que anularlos, le dio pena que perdiéramos el dinero.

Volvió a llamarme enseguida: había un vuelo de Pekín a Boston el 25 de agosto. Le dije que comprara los billetes en el acto; necesitábamos sacarlos de ida y vuelta, para guardar las apariencias. También le pedí que comprara los billetes para ir de Urumqi a Pekín el 24 de agosto. Estábamos a 22. Teníamos un solo día para los preparativos.

Cuando llegué a casa, Aséna y Almila ya habían terminado de desayunar. Se habían puesto la ropa más bonita que tenían, como si nos fuéramos ese mismo día. Al verlas tan felices, supe que todo había valido la pena.

Llevé a mis hijas a nuestro restaurante uigur favorito. Comimos muy a gusto. Hacía meses que no disfrutaba tanto una comida.

Marhaba llegaba en tren esa noche y fuimos a recogerla a la estación. Desde la puerta donde la esperábamos, al otro lado del andén, vimos lo contenta que estaba. Nos echamos el uno en brazos del otro, como en las películas.

No fue un abrazo de reencuentro sino de celebración. Marhaba y yo no teníamos la costumbre de saludarnos con un abrazo. A las niñas les dio vergüenza que nos abrazáramos delante de todo el mundo. Se rieron de nosotros.

Mientras íbamos hacia casa, planeamos entre los cuatro todo lo que teníamos que hacer en el día y medio que nos quedaba y establecimos el orden de las tareas. La familia había entrado en estado de alerta.

Al día siguiente, fui a una tienda de coches de segunda mano y vendí el nuestro sin regatear. Luego volví a casa para sumarme a los preparativos.

Pensé que no podíamos llevar nada más que ropa de verano, unos libros y un neceser, no por viajar más cómodos sino para no levantar sospechas al cruzar la frontera. Seguro que la policía de fronteras china se fijaba en una familia uigur que salía de vacaciones con demasiado equipaje.

Marhaba quería guardar todo lo posible. Nos acaloramos discutiendo cuántas cosas llevar y qué elegir. Vi la pena con que miraba la querida ropa que tendríamos que dejar. Sabía que estaría unos días enfadada conmigo, pero tenía que ser firme.

Marhaba y yo llevábamos dieciséis años casados. Los dos teníamos más de cuarenta y nuestras hijas más de diez. Pero todo lo que podíamos conservar de nuestra vida debía caber en cuatro maletas y cuatro bolsas de mano.

Guardamos en una caja cosas importantes que se quedarían allí: álbumes de fotos, cartas y documentos, mi libro y mis publicaciones en prensa. En esos álbumes de fotos estaba el pasado completo de nuestra familia. Las fotos de nuestra juventud tenían una importancia especial para nosotros. Etiqueté la caja y la dejé con idea de que mi primo nos la enviara más adelante.

A primera hora del día siguiente, llamamos a mis suegros y les pedimos que vinieran a casa. Allí les contamos que nos íbamos ese mismo día a Estados Unidos, para que Aséna pudiera recibir tratamiento médico. Sabían perfectamente que Aséna no estaba enferma, pero eran igual de conscientes de la gravedad de la situación política. Comprendieron al instante que teníamos que agarrarnos a este pretexto para poder salir del país. Vimos cómo su expresión pasaba poco a poco de la sorpresa a la comprensión y a la pena.

—Pero ¿volveremos a veros? —preguntó mi suegra.

—No te preocupes —le dije, con más convicción de la que sentía—. Mientras sigamos con vida volveremos a vernos.

Mi suegro, sentado en el sofá, agachó la cabeza. Mi suegra miraba a Marhaba con nostalgia. Marhaba evitó la mirada de su madre y se puso a cerrar la cremallera de una de las maletas.

A eso del mediodía, el taxi que habíamos pedido paró en la puerta de nuestro edificio. Mi suegro y yo cargamos el equipaje en el maletero y metimos las mochilas en el asiento trasero. Mi suegra salió entonces y se echó en brazos de Marhaba sollozando. Por suerte, el patio estaba prácticamente vacío, aunque me preocupaba que despedirnos llorando llamara la atención. Con la excusa de que íbamos a perder el vuelo, apremié a Marhaba e instamos a sus padres a que volvieran al apartamento enseguida. Entonces subimos al taxi. Las mejillas de Marhaba seguían húmedas por las lágrimas.

Salimos por la verja del recinto a la calle principal. La gente iba y venía por las aceras. Entre estos uigures, encorvados por el peso de la preocupación y los quehaceres cotidianos, había personas a las que conocíamos.

—¿Vamos a dejar aquí a nuestros amigos? —murmuró Marhaba con tristeza.

Miré con cansancio al taxista han, pero no dio muestras de entender el uigur. Iba atento al tráfico, con el ceño fruncido.

Unos días antes, me habían llegado noticias de que habían enviado a policías de Xinjiang a la aduana del Aeropuerto de Pekín con el propósito de controlar a los uigures que salían del país. Mientras circulábamos por la carretera de circunvalación, llamé a Adile para decirle que estábamos en camino y preguntarle qué hacíamos si la policía nos paraba en la aduana. Me dijo que no nos preocupáramos, que la llamara si teníamos algún problema.

Llegamos al Aeropuerto de Urumqi. El ambiente era de tensión. Había policías armados observando a los pasajeros en la entrada y en la terminal, especialmente a los uigures.

Facturamos el equipaje, nos entregaron las tarjetas de embarque y fuimos al control de seguridad. Yo estaba el primero en la cola, y a la salida del puesto de control dos policías han me llevaron a un cuarto para registrarme. Dentro había una cinta transportadora improvisada que daba vueltas alrededor de un poste. Me dijeron que subiera a la cinta, levantara las manos y me quedara quieto mientras la cinta estuviera en movimiento. Al parecer era un escáner corporal que enviaba la lectura a un ordenador. Cuando habíamos ido a Pekín el año anterior este escáner no estaba en el aeropuerto.

Terminado el procedimiento, salí de allí. Marhaba y mis hijas tuvieron que someterse también a esta nueva medida de seguridad. Mientras las esperaba vi que otros viajeros de etnia han pasaban por el control habitual e iban directos a las puertas de embarque. Los agentes ni se fijaban en ellos. Este registro adicional es solo para los uigures, pensé: era una humillación más.

Por fin superamos los controles sin más contratiempos. Llegamos a la puerta de embarque y nos sentamos junto a la ventana. Aún quedaba un rato para embarcar. Aséna y Almila fueron a dar una vuelta para estirar las piernas.

Observando las pistas y los aviones a través de los ventanales, le dije a Marhaba en voz baja:

—Míralo todo bien. Pueden ser nuestros últimos momentos en este país.

—No digas eso —contestó con la voz temblorosa—. Si Dios quiere, volveremos. —Y entonces se echó a llorar.

—¡Dios lo quiera! —asentí, con las mejillas llenas de lágrimas.

El avión salió a la hora prevista. Marhaba y yo nos sentamos juntos, y las niñas justo delante. Mientras acelerábamos en la pista, Marhaba miraba por la ventanilla con añoranza. Me apretó la mano izquierda con su mano derecha como si le fuera la vida en ello.

En el momento de despegar se me encogió el corazón. Nunca había sentido nada igual. Dejábamos atrás nuestro país.

Le dije a Marhaba, en voz baja, que mirase el monte Bogda cuando pasamos a su lado. Miró por la ventanilla sin muestra alguna de emoción. A lo lejos, la cumbre cubierta de nieve brillaba bajo el sol.

Aterrizamos esa noche en el Aeropuerto Internacional de Pekín. Dejamos el equipaje en la consigna del aeropuerto y fuimos en taxi hasta un hotel del complejo urbanístico de la Delegación de Xinjiang. Estábamos

agotados del viaje y los dos días de angustiosos preparativos. Nos quedamos profundamente dormidos nada
más entrar en las habitaciones.

A la mañana siguiente, despertamos a las niñas y desa-
yunamos a toda prisa el *naan* que llevábamos de Urumqi.
Luego volvimos al aeropuerto.

En el control de aduanas, volví a ser el primero y entregué mi pasaporte al agente de turno. El joven policía de
uniforme abrió el pasaporte y me examinó a conciencia,
comparando mi cara con la foto del documento. Después se acercó a otro agente de paisano. Supuse que sería
un policía de Xinjiang. Se acercaron los dos a la pantalla del ordenador e intercambiaron unas palabras. El
policía de paisano se retiró.

—Parece que ya ha estado usted en Estados Unidos
—señaló el agente.

Por cómo lo dijo, deduje que parecíamos más de fiar
por haber hecho el viaje previamente y haber regresado.

—Sí —asentí con escueta confianza, como si hiciera
ese viaje continuamente.

Selló el pasaporte y me lo devolvió. Me permitían salir
del país. Marhaba y las niñas pasaron el trámite con la
misma rapidez.

Poco después estábamos volando. Sentí que me libe-
raba por fin de un peso enorme. Por otro lado, me dolía
pensar en los seres queridos que dejábamos atrás. Y el
futuro que teníamos por delante me asustaba tanto
como me ilusionaba.

—Papá, ¿cómo voy a estudiar en un colegio de Estados
Unidos si no hablo inglés? —me preguntó Almila, mirando entre el hueco de los asientos.

—Lo aprenderás cuando llegues.

—¿Y si me quedo atrás antes de aprender? —insistió, con los ojos llenos de lágrimas.

—Eres lista. Aprenderás deprisa —contesté sonriendo.

—No te preocupes —la tranquilizó Aséna—. El inglés no es difícil.

En ese momento me consoló pensar que mis hijas tendrían un buen futuro en Estados Unidos. Me acomodé en el asiento y me puse a recordar el pasado. El tiempo que quedaba hasta llegar a Boston me bastó para recordar mi vida entera.

Diecisiete horas más tarde, el avión descendió por el cielo de Boston y aterrizó en suelo estadounidense. Pasamos la aduana sin percances.

Éramos libres.

En el Aeropuerto Logan compramos los billetes para el siguiente vuelo a Washington. Mientras esperábamos para embarcar, Aséna y Almila parecían fascinadas por la profunda novedad de nuestro nuevo entorno y el arcoíris humano que poblaba el aeropuerto. Marhaba estaba a mi lado, sumida en sus pensamientos. Sabía cuáles eran sus preocupaciones. También yo era incapaz de imaginar cómo empezaríamos una nueva vida en un país desconocido. Aunque tenía delante un mundo nuevo, mis pensamientos volvían continuamente a casa.

En otro lugar

Asediado por estas palabras desvaídas
sumido en estos momentos de desorden
la diana dibujada en mi frente
no me hizo doblegarme
y también
noche tras noche
uno tras otro
recitaba los nombres de hormigas que conocía

Pensaba seguir íntegro
en la cuneta o en otro lugar
Hasta los arrecifes
se cansan de mirar a lo lejos
pero en mis pensamientos
yo te cortaba el pelo estropajoso
con dos dedos a modo de tijeras
Te refrescaba el pecho con un puñado de agua
Para apagar un incendio en un bosque remoto

Claro que también yo
solo puedo mirar un momento a lo lejos

Epílogo: Sueños del exilio

Iba corriendo, huyendo del peligro. Media docena de policías militares chinos me perseguían, armados hasta los dientes, apenas a un paso por detrás de mí. Pero estaba en el barrio donde nací y conocía las calles como la palma de mi mano. Me evadía hábilmente de mis perseguidores girando en las esquinas, ligero como un pájaro, saltando los bajos muros de barro que separaban las casas con la agilidad de un ratón. Aun así, la policía seguía pisándome los talones. Justo en ese momento sonaba una sirena cerca. Un coche de policía venía hacia mí a toda velocidad. Mis pasos perdieron ligereza. No tenía escapatoria. Los policías me alcanzaron y me tiraron al suelo. Luché con todas mis fuerzas, pero tenía las piernas y los brazos inmovilizados. La sirena no paraba de gemir.

Me desperté sobresaltado. Estaba empapado en sudor. Otra pesadilla.

Una ambulancia pasaba con la sirena puesta por delante de nuestro apartamento en la periferia de Washington D.C.: el coche de policía de mi sueño.

Desde el día que llegué a Estados Unidos, he soñado cosas parecidas muchas veces, con ligeras variaciones.

Poco después de instalarnos en Washington, soñé con mi madre varias noches seguidas. Los uigures se toman estos sueños muy en serio, y yo empezaba a pensar si le habría pasado algo o si estaría preocupada por mí. Decidí llamar a mis padres para ver cómo estaban. Pensé que ya sabrían por mi primo de Urumqi que nos habíamos ido a Estados Unidos. De todos modos, necesitaba decírselo personalmente. Tenían más de setenta años.

Era consciente de la gravedad de la situación en Kashgar. Como salimos de China con permiso de la policía, con el pretexto de que Aséna necesitaba tratamiento médico, no me preocupaba demasiado llamarlos.

Le conté a mi madre por teléfono que habíamos venido a Washington para tratar la enfermedad de Aséna y que nos quedaríamos aquí una temporada. Hablé también un poco con mi padre. Tanto ella como él supieron leer entre líneas y comprendieron que la enfermedad de Aséna era una ficción ineludible. Nos desearon buena suerte, nos dijeron que volviéramos cuando la niña se encontrara bien y nos previnieron de las malas compañías y las malas costumbres. Con esto se referían a la gente y las situaciones que el Gobierno chino no veía con buenos ojos. Les prometí que seguiríamos en contacto y nos despedimos.

Al día siguiente, mi hermano me envió un mensaje de voz por WeChat desde Kashgar. Dos horas después de que yo hablara con mi madre, unos agentes de la seguridad nacional habían ido a buscarla. Le confiscaron el móvil y el carnet de identidad por haber recibido una llamada del extranjero. Mi madre estaba aterrorizada.

Mi padre y mi hermano fueron a la comisaría. Explicaron a los agentes que había sido yo quien había llamado; que mis padres habían roto conmigo para siempre; que desde hacía mucho tiempo no me consideraban hijo suyo; y que nunca más volverían a ponerse en contacto conmigo. Tuvieron que prometer todo esto por escrito para recuperar el móvil y el carnet de identidad de mi madre.

Se palpaba la rabia y el malestar en la voz de mi hermano. Terminaba su mensaje pidiéndonos que no volviéramos a llamar.

A primeros de octubre recibí una llamada inesperada de la pareja de panaderos que nos compró el apartamento. Era el número del marido. Supuse que llamaba por algún asunto sin importancia: la electricidad, el agua o el gas. Estaba seguro de que no sabía nada de nuestra huida del país; si lo hubiera sabido no se habría atrevido a llamar. No contesté, para no crearle problemas.

Un par de semanas más tarde, nos quedamos consternados al enterarnos, por mi primo, que habían mandado al panadero a un campo de concentración. Desde ese día, Marhaba y yo hablábamos muchas veces de cómo estarían su mujer y sus tres hijos, y de si ella podría pagar la hipoteca. Cada vez que teníamos esta conversación, Marhaba decía con pena y abatimiento: «Dios los guarde».

Más o menos por aquel entonces supimos que a Ismail, el marido de Reyhan, la prima de Marhaba, le habían ordenado presentarse en Ghulja y lo habían mandado «a estudiar». Reyhan y sus dos hijas seguían en Urumqi. Marhaba estuvo varios días llorando.

Yo había dejado en Urumqi esa caja etiquetada, con los álbumes de fotos y otros objetos de valor, con idea de pedirle a mi primo que nos la enviara cuando hubiéramos llegado a Washington. En aquellos días muertos, mientras esperábamos que nos devolvieran los pasaportes, incluso fui a la oficina central de Correos a preguntar si era posible enviar paquetes a Estados Unidos y a averiguar el precio.

Pasamos los dos primeros meses muy ocupados en instalarnos. En octubre le envié a mi primo un mensaje de voz por WeChat para pedirle que me enviara los álbumes. Se me cayó el alma a los pies al oír su respuesta.

«A Almas se lo han llevado a estudiar, y parece que a mí también me tocará pronto. Esta es la última vez que nos comunicamos. Cuídate.» No había vida en su voz. Al parecer Mejmut, el agente de la seguridad estatal en quien Almas había depositado tantas esperanzas, finalmente no le sirvió de nada.

Por el tono de la respuesta de mi primo, comprendí que había llegado una nueva oleada de detenciones. Me quedé sentado en el sofá, con el teléfono en la mano, mirando la pared. Sentí como si me hundiera en el vacío de la pared blanca.

Hacia finales de octubre, cuando la policía vio que no volveríamos a Urumqi, registraron el apartamento que le alquilamos al comerciante kazajo. Después precintaron la puerta. No sabíamos qué buscaban ni qué se llevaron de allí. Sí supimos que el apartamento siguió precintado hasta mediados del año siguiente, y que esto había puesto al dueño en una situación complicada. Pero el kazajo tenía buenos contactos en Urumqi y, con ayuda de amigos y conocidos, consiguió que la policía retirara el precinto. El apartamento volvía a ser suyo. Tal vez ahora nuestros familiares podrían sacar las cosas que habíamos dejado.

En noviembre detuvieron a mi primo, a los dos hermanos de Marhaba y a Arman, y los mandaron a todos «a estudiar». La policía buscó a la mujer de mi primo y a la cuñada de Marhaba para preguntarles por mí. Nos ahogaba la angustia. Nos torturaba la idea de que los hubieran detenido por nuestra culpa.

Cuando se enteraron de que nos habíamos ido del país, nuestros familiares y amigos empezaron a borrarnos de WeChat. Por su seguridad, también nosotros decidimos no comunicarnos con nadie en casa. Tuvimos que cortar drásticamente todo contacto con nuestro país.

En cuanto matriculamos a las niñas en el colegio, Marhaba y yo empezamos a estudiar inglés en un centro del barrio. Después de muchos años volvía a ser estudiante. Por más que me aplicaba, tenía la sensación de no enterarme de nada. Mientras oía hablar a los profesores, me asaltaba una avalancha de pensamientos de lo que estaba ocurriendo en casa.

Cuando tenía diez años, mis padres me enviaron a estudiar con el imán de la mezquita del barrio durante las vacaciones de invierno. Por aquel entonces la instrucción religiosa aún estaba permitida. Casi todos los niños del vecindario estudiamos uno o dos meses con este imán. Aprendíamos el alfabeto árabe, memorizábamos algunos de los versículos del Corán más comunes y aprendíamos las cinco oraciones diarias.

El primer día de clase en casa del imán, me senté con otros cuatro niños de mi edad alrededor de la estufa. El imán se aclaró la garganta para decirnos: «Aprender en la infancia es como grabar en piedra. Aprender de mayor es como escribir en la arena».

Ahora comprendía la verdad de estas palabras del imán. Los versículos que él me había enseñado tantos años antes seguían claros como el cristal en mi memoria. Ahora que era mayor, me resultaba cada vez más evidente que mi capacidad de aprender cosas nuevas había disminuido. Concentrarme en semejante estado de ansiedad representaba un desafío inmenso.

A los cuatro meses de llegar a Washington empecé a soñar cosas distintas. Estaba en el control de aduanas, preparándome para salir de China, cuando la policía me detenía y rompía mi pasaporte. Me despertaba gritando.

A principios de 2018, el antropólogo estadounidense Darren Byler viajó a la región uigur para ser testigo de las detenciones en masa, que para entonces llevaban un año en curso. Antes de eso había vivido una temporada en Urumqi, donde trabó amistad con Almas y otros amigos míos. Me escribió sin falta nada más llegar. Le pedí que buscara a algunos amigos, en especial a los que habían desaparecido más recientemente. Entre los amigos a los que Darren intentó localizar estaba Almas. Le dibujé un mapa de la calle donde Almas tenía su tienda de comestibles, señalé el sitio exacto y le envié una foto del mapa. Encontró la tienda, pero estaba cerrada. Era evidente que llevaba tiempo sin abrir sus puertas.

Poco después corrió la voz entre la diáspora uigur de que habían enviado a Perhat Tursun a un campo de prisioneros. No se sabían más detalles. Esperé alguna otra información, con la esperanza de que la noticia fuera falsa, pero en el fondo sabía que se lo habían llevado. Este era uno de mis mayores temores. Al final resultó que los esfuerzos de Perhat por evitar a la gente no habían servido de nada; no había forma de burlar la vigilancia del Partido. Desde ese día, algo empezó a roerme por dentro: un dolor muy profundo que no me daba tregua.

A mediados de aquel año, el historiador estadounidense Joshua Freeman viajó a Urumqi. Había vivido muchos años en la región uigur y quería ver con sus propios ojos lo que estaba pasando. Fue a una librería uigur de la avenida de la Unidad que yo conocía bien. Con el fin de no llamar la atención, Josh esperó hasta que el librero se quedó solo. Entonces empezó a coger libros de las estanterías. Señalando la cubierta de cada título, preguntó indirectamente al librero cómo le iba a su autor.

—¿Está por aquí? ¿Se encuentra bien?

La respuesta era casi siempre la misma. Muy pocos estaban bien.

Al final, el librero le preguntó a Josh por mí. Josh le dijo que estaba bien.

—Tuvo suerte —contestó el librero—. Se marchó a tiempo.

Cuando empecé a acostumbrarme a la vida en Washington mis sueños cambiaron de nuevo. En estos sueños volvía a casa. Comía en restaurantes que conocía con mis queridos familiares y amigos, paseaba por huertos preciosos y me reunía en amplios patios a cantar, celebrar y conversar. Les hablaba a todos de Estados Unidos. Pero justo en esos momentos de felicidad, llegaba la policía y me confiscaba el pasaporte. El dolor me abrumaba y lamentaba haber regresado. Me despertaba con el corazón encogido.

En el momento de abrir los ojos después de estos sueños terribles, al ver dónde estaba, suspiraba de alivio y me decía: Gracias a Dios.

Otros uigures de la diáspora a veces me contaban sus pesadillas. Sin duda había muchas más de las que yo no estaba al corriente; algunos no prestan demasiada atención a los sueños ni tienen la costumbre de contarlos. Yo mismo nunca hablaba de ellos en presencia de mis hijas; eran adolescentes todavía y no quería preocuparlas. Normalmente se los contaba a Marhaba, que en sus sueños vivía los mismos miedos que yo: la policía la perseguía y le quitaba el pasaporte; sus mejores amigos la abandonaban.

—Puede que estemos aquí físicamente —decía—, pero en espíritu seguimos en casa.

Vivimos el primer año con el dinero que habíamos traído de Urumqi. Como dice un refrán uigur: «Aunque solo comieras y durmieras, ni una montaña sería suficiente». Nuestros ahorros menguaban muy deprisa. Cuando conseguí un permiso de trabajo, a mediados de 2018, empecé a pensar cómo ganarme la vida hasta que mi inglés mejorase y pudiera encontrar un empleo acorde a mi formación. Decidí empezar como conductor de Uber, un empleo común entre los inmigrantes uigures de Washington D.C. Bastaba con un coche y un permiso de trabajo. Entre los conductores de Uber en Estados Unidos había médicos, profesores, juristas, ingenieros y hasta funcionarios del Gobierno. Me sumé a sus filas en el mes de septiembre.

Me animó ver que con mis ingresos podía cubrir las necesidades básicas de mi familia. Además, estaba impaciente por salir de casa después de un año. Estaba acostumbrado a trabajar todos los días y me costaba verme de brazos cruzados. Circulando por los bonitos barrios del norte de Virginia, las misteriosas calles secundarias de la capital y las amplias avenidas del sur de Maryland, mi corazón encontraba algún consuelo.

Al volante del coche me perdía en los recuerdos de mis amigos en casa. Tenía largas conversaciones mentales con ellos. A veces me olvidaba de que llevaba a un pasajero en el asiento de atrás.

En marzo de 2019, Marhaba nos contó que había tenido un sueño extraño: una serpiente pequeña, con manchas en la piel, había entrado en nuestra casa. Aunque normalmente le daban pánico las serpientes, a esta no le tenía ningún miedo. Las mujeres que sueñan con serpientes, proclamó, dan a luz a un hijo varón. Ninguno de nosotros le hicimos mucho caso hasta una noche, un par de semanas más tarde, cuando nos dijo que tenía síntomas inconfundibles de embarazo.

Nada más oír esto, Aséna nos señaló con el dedo y nos recriminó.

—¿Qué habéis hecho? ¡Es peligroso para mamá dar a luz a esta edad! ¡Ay, ay!

Siguiendo el ejemplo de su hermana mayor, Almila también señaló a su madre con un dedo.

—Yo quiero una hermana. ¡Si tienes un niño no pienso cuidar de él!

Y se fue al piso de arriba muy enfadada.

A medianoche, Aséna y yo fuimos a comprar un test de embarazo a la farmacia. El test confirmó que Marhaba estaba embarazada. Al ver que me quedaba callado, mi mujer me preguntó qué me pasaba.

—No me lo esperaba —dije, y seguí callado.

Doce años antes, al nacer nuestra segunda hija, Almila, alcanzamos la cuota de hijos permitida por el Gobierno. El comité de distrito ordenó que Marhaba se pusiera un dispositivo intrauterino. Pero el DIU le provocaba fuertes dolores lumbares y abdominales, y se lo retiró. Ahora, más de una década después sin haber concebido, mi mujer se quedaba embarazada a los cuarenta y cinco años.

Se podría decir que era un milagro. La preocupación de Aséna no era infundada. Un parto a esta edad entrañaba importantes riesgos. Aun así, el principal motivo de mi silencio era la enorme dificultad de criar a un hijo a nuestra edad y en nuestras circunstancias. Después de tanto trabajo para sacar adelante a Aséna y Almila, apenas acabábamos de relajarnos y empezábamos a construir una nueva vida. Los uigures dicen que «los niños vienen al mundo con todo lo que necesitan», pero criar y educar a un hijo es una responsabilidad formidable. Exige grandes dosis de esfuerzo, dedicación y paciencia.

Marhaba estaba convencida de que tendría un hijo varón, como esperaba desde hacía tanto tiempo. Le hacía mucha ilusión. Desde que llegamos a Estados Unidos, yo había comparado a menudo a nuestra familia con un árbol trasplantado por la fuerza de un suelo a otro. A este árbol le costaba echar raíces, incluso podía morir. Marhaba me miró a los ojos.

—¿Por qué no te imaginas que este niño es la primera raíz de nuestro viejo árbol, que arraiga en esta tierra nueva?

Al día siguiente fuimos al médico. El bebé estaba sano. Un mes más tarde volvimos y supimos que, efectivamente, era un niño, y que Marhaba se encontraba bien. Recibimos la noticia con alegría, mis hijas y yo prometimos cuidar mucho a Marhaba y prepararnos desde ese mismo instante para recibir a un nuevo miembro en la familia.

Pero en nuestra nueva vida estadounidense, la alegría y la pena se sucedían a un ritmo vertiginoso. Conforme pasaba el tiempo, yo tenía la creciente sensación de que nuestra vida se estaba haciendo añicos.

A mediados de ese año recibimos la noticia de que Eli estaba detenido en un campo de prisioneros. Lógicamente, el Gobierno había cerrado la librería de Eli, como todas las librerías uigures. Por otro lado, desde que estaba en Washington yo había intentado continuamente tener noticias de Kamil, sin encontrar información fiable sobre su paradero.

Nuestro hijo nació a mediados de noviembre de 2019. Lo cogí en brazos lleno de alegría y emoción: fue un precioso regalo de cumpleaños a mis cincuenta. Lo llamamos Tarim, como el río más grande de la región uigur. La mayoría de los uigures viven en oasis en los márgenes del desierto de Taklamakán, y la mayoría de estos oasis se alimentan de las aguas del Tarim. Los uigures lo llaman «la Madre Río». Queríamos que nuestro hijo, nacido en Estados Unidos, no olvidara nunca su madre patria.

Cada vez que pronunciaba el nombre de mi hijo me acordaba del poema de Perhat Tursun, «El río Tarim». En silencio, le deseaba a mi amigo paz y seguridad.

Sin embargo, no tardé en recibir malas noticias. En el mes de febrero, nos invitaron a Josh Freeman y a mí a hacer una lectura de poesía en la Universidad de Yale. Mientras esperábamos en una sala, antes de que empezara el acto, recibí un mensaje de voz de un poeta uigur de la diáspora: me anunciaba que a Perhat lo habían condenado a dieciséis años de prisión. Josh y yo nos quedamos sin palabras. Yo no me lo quería creer.

Una semana más tarde, otro conocido de Perhat en el exilio me confirmó la condena. Estuve varios días conmocionado. Todo me resultaba ajeno. Al final, para salir de dudas, busqué en la web el número de teléfono de la oficina donde trabajaba Perhat en Urumqi y llamé. La mujer han que me atendió se quedó callada mientras le explicaba que era amigo de Perhat, llevaba tiempo sin poder localizarlo y quería saber cómo estaba. Cuando terminé de hablar, colgó sin decir palabra. Volví a llamar y no contestó nadie. Entonces supe definitivamente que a Perhat lo habían condenado.

Me vinieron a la memoria los primeros versos de «El río Tarim». Era como si Perhat hubiera escrito su destino en ese poema.

> Como las aguas del Tarim
> de aquí partimos
> y aquí terminaremos
> De ningún otro lugar somos
> Y a ningún otro lugar iremos...

Otros exiliados uigures que habían llegado antes que nosotros nos decían que tardaríamos tres años en adaptarnos a la vida en este país. Sin darnos cuenta habían pasado cuatro años y yo me consideraba bastante bien aclimatado. Aun así, había momentos en los que me costaba creer que estaba en Estados Unidos. De repente me parecía todo un sueño, como si un día fuera a despertarme en mi apartamento de Urumqi y a decirme:

Qué sueño tan largo he tenido; luego disfrutaría tranquilamente del desayuno con mi familia y saldría en mi viejo Buick con el sol de la mañana a dar mis clases en el Instituto de Artes de Xinjiang; a mediodía pasaría por la librería de Eli para comentar con él las novedades editoriales uigures; por la tarde me ocuparía del montón de trabajo pendiente en la oficina; y a última hora me reuniría con Kamil, Perhat y Almas, a charlar, a reír y a tomar cerveza y kebab en la tienda de Almas.

Los primeros meses en Estados Unidos viví atenazado por sentimientos contradictorios, entre la emoción y la incertidumbre, la alegría y la presión, la ira y la esperanza. Mi corazón encontraba pocos momentos de paz. Este era sin duda el motivo por el que rara vez me sentía en disposición de escribir poesía. Los versos no afloraban siquiera en los momentos de calma. Me acordaba de Munire sollozando, de Perhat escabulléndose en la oscuridad. Muy a menudo veía mentalmente el tormento de mis seres queridos. A mi primo, demacrado y débil en su celda; a Eli, encorvado en una sala de interrogatorios; a Almas, sometido a reeducación política; a Arman, realizando trabajos forzados en una fábrica de algodón; a Ismail en el patio del campo de prisioneros con un grupo de compañeros, entonando canciones rojas de alabanza al Partido Comunista.

Una noche de otoño, un par de meses después de instalarnos en Washington, tuve otro sueño. Había muerto. Estaba tendido sobre el costado derecho, sin poder moverme, rodeado de cinco o seis de mis mejores amigos. Me miraban entre lamentos, con las manos entrelazadas, los blancos velos de luto alrededor de la cintura, la tristeza y el pesar grabados en los rostros. Intentaba gritar:

«No estoy muerto, estoy sano y salvo en Estados Unidos», pero no me salía la voz. Intentaba mover las extremidades para que vieran que estaba vivo, pero me era imposible. Me aterraba que fuesen a enterrarme vivo.

El sueño era tan nítido como la vida misma y me tuvo varios días angustiado. No podía quitármelo de la cabeza. Fue este sueño el que me llevó a escribir mi primer poema desde que salí de China. Una vez pude transformarlo en versos me sentí algo más ligero, aunque la sensación fue pasajera.

Logramos huir del terror y somos una familia afortunada, pero aunque conocemos la alegría de los pocos que han tenido la suerte de embarcar en el arca de Noé, vivimos con la vergüenza del cobarde implícita en la palabra «huida». Somos libres, por fin, pero la gente a la que más queremos sigue sufriendo, abandonada en esa tierra de tortura. Cada vez que pensamos en ellos nos abrasa la culpa. Solo en sueños volveremos a ver a nuestros seres queridos.

Qué es eso

¿Qué es eso
venido de tan lejos, de más allá de la bóveda del agua,
que sigue aquí conmigo y me acompaña?
¿Una débil promesa escrita en la neblina amarillenta,
la audacia apostada en una esquina
o
capas de penumbra que van de mano en mano?

Estos días están
plagados de horizontes destruidos,
¡destruidos!

En época de fuga
cuando la rendición se oculta en la maleta
cuando las nobles dudas superan el límite del peso
cuando los callejones sin salida siguen siempre adelante
cuando el éxodo se estanca en el segundo piso
¿Qué es eso que no te deja ver que sigo vivo?

Tan simples son mi alma por dentro y mi rostro por
fuera,
oh tú de ojos oscuros,
un árbol que enrojece desde dentro
se vuelve piedra a mi lado

Una mata de hierba de La Meca de tan dulce fragancia
crece deprisa y florece
en el umbral del pasado

Agradecimientos

En primer lugar, me gustaría dar las gracias especialmente a Joshua Freeman, cuya contribución a este libro ha superado con creces la tarea de traducirlo. Sin el apoyo y el aliento de Josh, es probable que estas memorias nunca hubieran llegado a escribirse. Como testigo de muchos de los sucesos que se narran en estas páginas y buen conocedor de otros, sus sugerencias sobre el contenido y la estructura de este libro han sido muy valiosas. Además de abordar la traducción con notable rigor y colaborar en el proceso de edición, nos ha brindado una emotiva y sincera introducción que facilitará enormemente a los lectores la comprensión de estas memorias.

La colaboración de Prashant Rao, editor de *The Atlantic*, fue imprescindible en la edición y la publicación de mi artículo «Uno a uno, enviaron a todos mis compañeros a los campos de prisioneros», que es el germen de estas memorias. Gracias también a Ellen Cushing y a los demás miembros del equipo de *The Atlantic*, por haber ayudado tanto para que ese artículo viera la luz.

Quiero expresar mi gratitud a Chris Richards, el primer

editor de este libro en Penguin Press. Fue Chris quien me animó a ampliar el artículo que escribí para *The Atlantic*, me invitó a convertirlo en un libro para esta prestigiosa editorial y me hizo valiosas observaciones en las primeras fases de la edición. Cuando Chris dejó Penguin, Emily Cunningham ocupó el puesto de editora. Sus numerosas correcciones y consejos, fruto de una dedicación y un talento formidables, han mejorado mi trabajo. Le estoy sumamente agradecido, y no olvido tampoco a muchas otras personas de Penguin Press que pusieron todo su empeño en hacer posible este libro. Gracias también a Bea Hemming y a Jenny Dean, de Jonathan Cape, por su importante contribución al proceso de edición y publicación desde el principio.

Mi agradecimiento sincero a Adam Eaglin, de la Agencia Cheney, por habernos acompañado en el camino con destreza y profesionalidad y ofrecernos sinceros y generosos consejos. Los colegas de Adam en la agencia han contribuido a la publicación del libro de diversas maneras, todas ellas importantes, y les agradezco enormemente su esfuerzo para que estas memorias pudieran llegar a un buen número de países, traducidas a otras lenguas.

Quiero expresar mi profunda gratitud y mi respeto a Perhat Tursun. Nuestra amistad de toda una vida es una inagotable fuente de orgullo para mí, y es su sufrimiento lo que me ha incitado a plasmar estos recuerdos. Gracias de todo corazón a todas las personas de las que aquí se habla sin citarlas por su nombre, en aras de su seguridad. El valor que este libro pueda tener es inseparable de sus inolvidables experiencias. Espero con ilusión el día en que me sea posible sacarlos del anonimato y expresarles abiertamente mi gratitud.

Estoy eternamente agradecido a mi familia. Su contribución a estas memorias de nuestras experiencias familiares ha sido inmensa, y han compartido sus recuerdos y emociones con una generosidad sin límites. Sin la determinación, el apoyo y el amor de mi mujer, Marhaba, me habría costado mucho embarcarme en esta aventura tan personal y desafiante. Mi hija mayor, Aséna, ha compartido conmigo sus opiniones a lo largo del proceso de escritura, y mi hija menor, Almila, me anima constantemente con su confianza en mí. Le dedico este libro a mi hijo, Tarim. Cuando tenga edad suficiente, espero que lea este relato y aprenda a apreciar la libertad.

«Algo sobrevivió en medio de las ruinas. Algo accesible y cercano: el lenguaje.»
PAUL CELAN

Desde LIBROS DEL ASTEROIDE queremos agradecerle el tiempo
que ha dedicado a la lectura de *Vendrán a detenerme a media noche*.
Esperamos que el libro le haya gustado y le animamos
a que, si así ha sido, lo recomiende a otro lector.

Al final de este volumen nos permitimos proponerle otros títulos de
nuestra colección.

Queremos animarle también a que nos visite en
www.librosdelasteroide.com y en nuestros perfiles de Facebook, Twitter
e Instagram, donde encontrará información completa y detallada sobre
todas nuestras publicaciones y podrá ponerse en contacto con nosotros
para hacernos llegar sus opiniones y sugerencias.
Le esperamos.